中小学心理健康教育书系

顾问 ◎ 林崇德　　主编 ◎ 俞国良

留守儿童
心理健康教育

任苇 ◎ 著

开明出版社

图书在版编目（CIP）数据

留守儿童心理健康教育/任苇著.-北京：开明出版社，2020.11
（中小学心理健康教育书系）
ISBN 978-7-5131-4785-9

Ⅰ.①留… Ⅱ.①任… Ⅲ.①农村—少年儿童—心理健康—健康教育—中小学—教学参考资料育—中小学—教学参考资料 Ⅳ.①G444

中国版本图书馆 CIP 数据核字（2018）第 301495 号

出 版 人：陈滨滨		策划编辑：王 桢	
责任编辑：王 拓		美术编辑：亓 悦 赵墨染	

LIUSHOU ERTONG XINLI JIANKANG JIAOYU
留守儿童心理健康教育

作　　者：任苇
出　　版：开明出版社（北京海淀区西三环北路25号　邮编：100089）
印　　刷：山东华立印务有限公司
开　　本：889×1194　1/16
印　　张：14
字　　数：250千字
版　　次：2020年11月第1版
印　　次：2020年11月第1次印刷
定　　价：49.00元
联系电话：010-88569135
网　　址：www.kaimingpress.com

寄 语

亲爱的朋友们：

心理健康，特别是中小学教师和学生的心理健康，看似是只和个体相关的私事，实则是关乎家庭幸福、社会和谐，乃至国家和民族安定繁荣的大事。我们衷心地希望，每一个参与中小学教育事业的教师和家长，都积极主动地关注自我和孩子们的心理健康，树立科学的心理健康教育理念，掌握有效的心理健康教育方法，培养德智体美劳全面发展的社会主义建设者和接班人。

总　序

这是一个新时代，也是一个复杂多变的时代，中小学生在见证世界缤纷色彩的同时，也在承受巨大的心理压力。显然，我们正处在社会转型与社会心理变迁不断加速的特殊历史时期。时代发展变化，要求中小学心理健康教育不断进行自我更新。自教育部颁布《中小学心理健康教育指导纲要（2012年修订）》（以下简称《纲要》）以来，各地中小学在制度、课程、师资队伍和心理辅导室建设等方面的成就有目共睹，已成为全面推进素质教育新的突破点和着力点，为加强和完善中小学德育工作作出了独特贡献。这里，我们着重讨论新时代我国中小学心理健康教育的现状和特点、立场与方法，以及所关注的问题、趋势与对策。旨在优化和创新中小学心理健康教育理念、思路、方法和措施，使之能更好地为中小学生乃至社会经济的可持续发展服务。

现状——据原卫生部、世界卫生组织估计，我国17岁以下未成年人中有各类学习、情绪、行为障碍者3,000多万人，而且人数在不断增加。我们编制的《中小学生心理健康量表》测查也表明，小学生有心理行为问题的占10%左右，初中生占15%左右，高中生约为20%。可见，中小学生心理健康状况不容乐观。

为了有效把握现状，我们以中部地区两个地级市的城市和农村11,027名中小学生为研究对象，发放调查问卷。结果表明，我国中部地区中小学心理健康教育的普及率和教育效果有较大改善。但整体来看，农村中小学心理健康教育相对落后；中学生心理健康教育滞后于小学生，初中阶段尤甚。与五年前相比，中小学心理健康教育的发展和进步主要表现在以下几个方面：第一，教育对象开始面向全体学生，教育内容符合《纲要》的基本要求；第二，随着教育行政部门、学校领导和教师对心理健康教育的重视，家长和学生的态度也发生了积极改变，无论在城市还是农村中小学，都取得了良好的教育成效；第三，随着《纲要》的颁布和中小学校的重视，心理健康教育专职和兼职教师开始增加，心理健康教育已得到广泛普及，正在逐步走向深化和进一步规范发展。虽然发展势头很好，但还存在一些问题亟待解决：首先，城市与农村心理健康教育发展不平衡，农村中小学心理健康教育相对落后，而农村高中又是"重灾区"；其次,有的农村中小学心理健康教育内容不符合实际需要,缺乏针对性和实效性;再次,初中、高中阶段的心理健康教育相对薄弱,从调查数据看,城市中学心理健康教育与小学存在差距,农村更甚;最后,中小学心理健康教师专业化程度有待提高。

为了有效掌握中小学心理健康教育师资队伍的现状,我们课题组也进行了专题调研。我们采取分层随机抽样的方法,选取了山西、河南两省某地级市发放中小学心理健康专兼职教师有效问卷584份,学校管理者有效问卷209份,结果如下:第一,心理健康教育已得到大多数中小学校的重视。90%以上学校开展了卓有成效的心理健康教育工作,大多数中小学心理健康教育专兼职教师,都能感受到学校领导对他们工作的支持。第二,中小学心理健康教育师资队伍的人员构成复杂,专业化水平有待提高。大部分专职教师有担任其他课程的经历,兼职教师中德育课教师和班主任居多。教师们对自己的工作效果感到满意的同时,也表现出强烈的求知欲,希望参加专业培训、提高专业技能。第三,学校管理者在选择心理健康教师时非常重视他们的专业背景、学历学位、相关资格认证、授课技能、从业时间与经验及人格等因素,他们对本校心理健康教育专兼职教师和心理健康教育工作表示满意。

特点——中小学心理健康教育的特点可以从不同角度进行梳理,仁者见仁、智者见智。

从心理健康教育的目标与主要内容看,已明确把目标定位在提高全体学生的心理健康水平,促进他们的积极心理品质等方面,内容重点包括认识自我、学会学习、人际交往、情绪调适、生活和社会适应等。同时,根据不同年龄阶段学生的身心发展特点,设置了小学、初中和高中分阶段的具体教育内容。这样的设置操作性强,不仅符合中小学生的成长与发展实际,同时也体现了从心理健康教育向心理健康服务转变,从问题导向向积极心理促进的世界心理健康发展潮流。从心理健康教育的途径和方法看,各地中小学正在将心理健康教育贯穿于教育教学全过程、开展多种形式的专题教育、建立心理辅导室、密切联系家长共同实施心理健康教育,以及充分利用校外资源等。目前,在中小学具体教育实践中,心理健康课程与专题讲座是心理健康教育最常用的方式;心理辅导室作为心理健康教育的重要环节，承载着开展心理辅导、筛查与转介、课程咨询、家校整合等功能；在日常教育教学与班主任工作、社会实践活动以及家庭教育中，开始全面渗透心理健康教育。从心理健康教育的组织实施看，从管理、教师、教材、研究几个层面，已构建了我国中小学心理健康教育的组织实施体系；从目前学校教育管理和实践效果看，政策与立法已成为我国政府推动和规范中小学心理健康教育发展的主要手段，而心理健康教育教师队伍建设，则成为中小学心理健康教育有效实施的重要保障。

立场——新时代中小学心理健康教育一定要提高站位，即站在时代的制高点上。社会转型，即经由传统型社会向现代型社会快速转变就是新时代的重要特征，就是时代的制高点。目前，人们快节奏的生活方式，大强度的竞争压力，高目标的成就动机，使个体心理健康问题及其引发的社会矛盾、冲突日益突显，导致个体心理、社会心理处于一种无序状态。当下人民的需要从物质文化转变为美好生活，而美好生活需要自尊自信、理性平和、积极向上的社会心态。社会心态成为社会矛盾的"晴雨表和指示器"，而心理健康则是人民"美好生活"的社会心理面向。因此，在社会心理服务大框架下讨论与实践心理健康教育、心理健康服务，这是中小学心理健康教育应持的基本立场；心理健康教育是心理健康服务的基础，心理健康服务是社会心理服务的核心，这是中小学心理健康教育的方法论基础。

从中小学心理健康教育与服务的对象看，其重点是个体与群体，与社会心理服务的对象重合；从中小学心理健康教育与服务的目标看，旨在提高全体中小学生的心理素质与心理健康水平，与社会心理服务的目标有异曲同工之妙。即根据中小学生身心特点开展心理健康教育活动，关注和满足他们的心理发展需要，提升其心理调适能力和社会适应能力，培养其积极乐观、健康向上的心理品质和自尊、自信、自强、自立的个性特征，尤其关注留守、流动儿童心理健康，为经受校园欺凌和校园暴力、家庭暴力和性侵犯的中小学生提供及时的心理创伤干预，促进其身心可持续发展。这充分体现了由心理健康服务向社会心理服务延伸，使心理健康服务成为为社会心理服务打基础、夯地基的"基础工程"。

方法与措施——新时代以社会心理服务建设为背景，中小学心理健康教育工作在组织实施、机制建设、领导管理等方面必须进行调整和改变。

从心理健康教育的类型与途径看，心理健康服务是社会心理服务的具体化，这决定了中小学心理健康教育工作在组织实施中要有全局观、整体观。无论是全面开展心理健康促进与教育，还是积极推动心理辅导和心理咨询服务，重视心理危机干预和心理援助工作，都可以视为社会心理服务的组成部分，都是为了在中小学生中倡导健康生活方式，使他们有意识地培养积极心态、学会调适心理困扰和心理压力、提升心理健康素养，进而培育良好社会心态，营造健康向上的社会心理氛围。

从心理健康教育的方式、方法看，心理健康服务是社会心理服务的"压舱石"，这决定了中小学心理健康教育工作在机制建设中要有体系观、系统观。各地中小学要建立健全地区、学校、年级、班级、小组等各级心理健康服务体系，加强心理健康师资队伍建设，拓展心理健康服务领域和范围，为社会心理危机干预和疏导机制"劈山开路"，为进一步开展社会心理服务工作奠定基础。

从社会心理服务的途径、方法看，社会心理服务包括微环境、中环境和宏环境系统，对应着个体、人际、群体层面的社会心理服务，这决定了中小学心理健康教育工作在领导管理中要有生活观、生态观。教育即生活，生活即环境。微环境是学生直接接触到的生活环境，健全的社会心理服务能够帮助学生在面临这些微环境系统中出现的问题时，舒缓负性情绪发展积极情绪，并提供专业的帮助与辅导；中环境系统是两个或多个环境之间的相互作用与联系，它对学生来说，就是家校互动，为人际层面的社会心态培育扫清障碍；宏环境系统包括特定的文化、亚文化或其他更广泛的社会背景，社会心理服务体现在扶助和引导处境不良学生、低社会经济地位学生群体，对不良生活事件进行预警、疏导等。这些都能够有效调整相应学生群体的社会心态，为培养目标群体的良好社会心理打下坚实基础。

一句话，全面推进和深化中小学心理健康教育工作，必须树立"大心理健康教育观"。其实质就是新时代中国特色的心理健康教育体制观，即对符合中国国情与富有中国特色的心理健康教育体制的认识、理解和判断。其方向是坚持心理健康教育是德育与思想政治教育工作的重要组成部分，任务是提高全体师生的心理健康意识，理念是全面强化心理健康教育向心理健康服务的转变、问题导向向积极心理品质促进的转变，方法是大胆探索心理健康教育的新路径和新方式。

趋势与对策——我国中小学心理健康教育的未来发展应重点关注以下问题：第一，从心理健康教育向心理健康教育与服务并重，着力提供优质心理健康服务；第二，由侧重于中小学生心理行为问题的矫正，向重视全体学生心理健康的促进与心理行为问题的预防转变；第三，着力构建中小学生健康成长的生态系统；第四，加强中小学心理健康教师队伍的建设，强调以实证为基础的教育干预，重视教育效果的评估与反馈。

目前，中小学心理健康正从教育模式向服务模式转变，这种转变是历史的必然，也是学校心理健康教育发展的必然。近年来，随着积极心理学的悄然兴起和蓬勃发展，学校心理服务的对象逐渐扩展到全体学生，强调面向健康的大多数学生进行心理健康教育，提高全体学生的心理健康素质，以预防和促进发展为导向。服务模式相对于教育模式，主要强调的是视角不同。教育模式有一个内隐假设，即教育者根据预设的内容和目标，有计划有步骤地对教育对象实施影响，有"强人所难""居高临下"之嫌；服务模式则重视以学生自身的发展性需要为出发点，充分发挥学生的主动性和积极性，根据他们的心理发展规律和成长需要，提供相应的心理健康服务，即强调提供适合学生发展需要的心理健康教育。目前，我国学校心理健康教育正处在从教育模式逐渐向服务模式转变的过程中。

特别需要指出的是，中小学心理健康教育工作开展得如何，很大程度上取决于是否拥有一支素质精良的教师队伍。一方面，在今后的工作中，教育行政部门应规范心理健康教育教师的职称评聘、岗位设置、工作量计算等相关制度，制定有针对性的绩效考核方案，并明确薪酬与绩效考核的关系以及职称晋升的途径，激发心理健康教育专兼职教师的工作热情。另一方面，国家教师教育政策应向心理健康教育专业倾斜，通过诸如减免学费、提供奖学金等手段，鼓励青年才俊投身该专业。为此，我们郑重呼吁：有关部门应确定中小学心理健康教育教师的职责，以及从事该项工作的基本条件和资质；确定专兼职教师的能力标准，包括教师心理健康的标准和教师心理健康的教育能力标准；确定专兼职教师的工作标准，包括工作内容、工作流程和工作途径方法等；对资格认证进行试点工作，确定认证标准、认证机构和认证方式；编制中小学心理健康教育基础培训和提高培训方案，对无专业背景的心理健康教育教师进行基础培训，对有专业背景的心理健康教育教师进行提高培训；定期对培训效果进行质量评估；定期开展对心理健康教育师资队伍建设的调查。

对于未来中小学心理健康教育而言，加强现代学校心理辅导制度建设是核心，编制具有中国本土特色的中小学生心理健康素质指标是基础，从实施心理健康教育走向心理健康服务并建立服务体系是途径，提供适合中小学生发展需要的心理辅导与心理健康服务是关键。

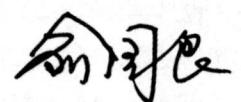

前　言

因为新冠疫情，2020年，注定成为全球历史转折的不平凡之年……

人口红利，这一推动中国经济崛起的关键因素的消散速度，显然比我们想象的更快。（引自《中国人口周期、经济趋势和资产配置》）

中国人民大学人口与发展研究中心学者陈卫在2006年第4期的《人口研究》中预测，我国总人口在2010年将达到13.50亿人，2020年将达到14.25亿人。预计到2029年将达到峰值，约为14.42亿，此后开始缓慢下降。如果长期保持1.8的生育水平，则到2050年时，我国总人口会缓慢减少到13.83亿。……在2020年之前，我国0~14岁的少儿人口基本上稳定在2.6亿，之后出现下降趋势。15~64岁劳动年龄人口逐步上升到2012年，然后到2025年基本稳定在9.9亿，之后出现下降。65岁及以上老年人口在预测期内一直在上升，2005年达到1亿，2027年达到2亿，2037年达到3亿。2030年我国65岁及以上老年人口将首次超过0~14岁少儿人口。

而实际情况是怎样的呢？据国家统计局统计数据显示，2019年末中国大陆人口出生率为10.48‰，全年出生人口1465万人。据了解，此数据刷新了2018年1523万出生人口的最低值。有相关机构预测，到了2100年，中国人口总数可能还不到10亿。

无论是陈卫的预测数据，还是国家统计局的实际数据均表明，2020年，都是中国人口红利的转折之年，那么留守儿童在其中又占据着怎样的比重呢？

中国作为农业大国，进城务工的农村劳动力约1.3亿人。根据2005年中国1%人口抽样调查的抽样数据推断，中国农村留守儿童约5800万人，其中14周岁以下的农村留守儿童约4000多万人。2005年的农村留守儿童规模增长迅速，在全部农村儿童中，留守儿童的比例达28.29%，平均每四个农村儿童中就有一个多留守儿童。

留守儿童最初是指外出务工连续三个月以上的农民托留在户籍所在地家乡，由父、母单方或其他亲属监护，接受义务教育的适龄儿童少年。之后，我们发现城市中也有、双亲健全、经济基础雄厚，由父、母单方或其他亲属监护，接受义务教育的适龄儿童少年。他们都一样渴望亲情、渴望关怀、渴望双亲的家庭养育、渴望正常的童年生活……

如果把城乡流动儿童和农村留守儿童相加，中国的留守儿童约6683万人。大多数留守儿童很少见到父母，亲子之间缺乏交流沟通。中小学留守儿童中，由年迈的祖辈隔代抚养的约占45%，他们享受不到父母的关注和呵护，在情感、心理、生活、学习乃至人格方面更易出现诸多问题，甚至走上犯罪道路。

从这个意义上讲，数量如此庞大的留守儿童群体，其影响涉及教育、心理、法律、经济等方方面面，甚至影响到国家未来发展的人才大计。无论之于国家大政方针，还是家庭幸福美满，抑或社会和谐稳定，留守儿童心理健康都让人百感交集、下笔千斤……

近年来，随着学界对留守儿童教育、社会支持与问题行为的深入研究，留守儿童进行心理健康教育的重要性日益凸显。国内有关留守儿童心理健康的研究和专著逐渐成熟丰厚，但要在几年或几十年内取得重大发展，却颇具挑战同时也值得尝试！在这本书中，我们试图在分析留守儿童心理状况的同时，关注留守儿童心灵上的成长，也力图使这本书能被留守儿童接受和理解，成为受他们欢迎的口袋书。

一、这本书想说什么

首先，我们将介绍众多群体中何以要选取留守儿童作为本书的研究对象。

留守儿童这一群体是伴随我国的现代化进程加快，农村剩余劳动力向城市转移而出现的。受诸多条件的限制，很多农民工进城务工的同时却无力解决孩子进城将面对的诸多现实问题，比如住房、高昂的借读费、无暇照顾孩子等等。于是，孩子们不得已留在农村，由长辈或其他人照看，最终造成父母与孩子分隔两地的情况，留守儿童由此产生。

鉴于学界对实证研究的重视，留守儿童相关研究中也是实证研究的成果更为丰硕。以往学者已经认识到心理健康教育的现实性和必要性，但在成果颇丰的心理学领域及留守儿童研究领域，并未将留守儿童的心理健康教育纳入重点研究范畴。这或是因为留守儿童这一群体的特殊性在整个问题儿童群体当中并不具有特殊性，或是因为留守儿童的界定在学界亦未达成共识。

无论何种状况，学术研究的初衷和要义最终还是要解决现实问题，本书力图打破将留守儿童的心理困扰和应对对策等同于普通儿童泛化的僵局，使更多的同仁意识到留守儿童的心理困扰确有其特殊性。这种特殊性不在于影响其困扰发生的主要因素是家庭系统，而在于困扰发生的概率及持续性。

二、我们关注的重点

当受邀撰写本书时，思考最多的是：如何把握心理健康教育的重点？如果单纯探讨留守儿童表现出的各种心理问题，以此分析导致其发生的原因是家庭系统的不和谐、亲子关系的缺失未免落于俗套。因而，本书关注的重点不局限于留守儿童的心理问题及其背后的原因，同时也更加关注留守儿童群体自身。

向留守儿童介绍留守儿童心理问题的最好方式，莫过于将其自身的各种经历和故事引入其中。临床案例的魅力在于其引人入胜又便于理解，有助于我们在具体情境中理解留守儿童。我们相信，经过这样的努力，留守儿童对自己所处的群体有更深刻的认识，除他们之外的儿童或成人也更易理解留守儿童的各种行为，更懂得如何去关怀和保护这些孩子。

我们在讲述影响留守儿童心理健康的因素和留守儿童表现的几大心理障碍时，融入了相关案例，这些案例或个案既有我以往的问诊案例，也有我援引的心理学界其他学者的临床记录，通过这一方式有助于人们全面地了解留守儿童。

三、本书要感谢的人

本书的成稿，要感谢很多人，首先要感谢中国青年政治学院科研基金的赞助；吴鲁平教授时时给我以鼓励和督促，没有他的鞭策，疏于懈怠的我不可能有这本书的孕育和诞生；本书的写作参考了国内外大量文献资料，同行的专著使我受益匪浅，在此谨向同行表示衷心的感谢与诚挚的敬意！

感谢我的几位研究生，张芷凡为第三章、第六章和第十章的内容以及统稿、文稿校对等付出了大量劳动；王阳光、杜芳芳、黄秋黎分别承担了

第二章、第四章、第八章及第十一章资料的搜集和内容的写作，郑桃、赵健婷、李雯、尹保源、周甜甜、王怡文、杨安民在修订版撰写过程中承担了很多工作。他们认真负责的态度、严谨务实的精神和不辞辛劳的奉献让我感动，也让我看到青少年工作系及未来青少年事业动力强劲、后继有人。

这本书能面世离不开开明出版社编辑的辛勤劳动，他们在具体细节上给予的点评、审校，才使得书稿呈现出最终的样貌，在此一并致以诚挚的谢意！

由于水平所限，书中还存在不少需要改进的地方，希望各位老师和同仁不吝赐教。

目 录

第1章 绪 论 /001
  留守儿童心理研究的起源、意义 /003
  留守儿童心理研究的主要方法 /004

第2章 留守儿童心理健康概述 /007
  概述 /008
  哪些孩子是留守儿童？ /010
  留守儿童有哪些常见的心理问题？ /020
  留守儿童心理健康教育有什么意义？ /023

第3章 留守儿童心理问题的相关理论 /025
  精神分析学派 /026
  行为主义学派 /033
  人本主义学派 /040
  其他学派的相关理论 /043

第4章 留守儿童的儿童福利与儿童权利 /051
  联合国《儿童权利公约》 /052
  我国相关的儿童福利政策 /059
  留守儿童应该享有的权利 /062
  我国儿童福利现状 /066

第 5 章　家庭对留守儿童心理健康的影响　/073
　　家庭环境对个人成长的影响　/074
　　家庭角色缺失与留守儿童心理健康　/077
　　家庭教养方式与留守儿童心理健康　/083
　　家庭的亲密度和适应性与留守儿童心理健康　/086

第 6 章　环境适应与心理健康　/089
　　留守儿童的生活变化　/090
　　适应障碍的表现　/091
　　留守儿童适应问题的心理调适　/093

第 7 章　留守儿童人际关系问题　/097
　　人际关系的概述　/098
　　人际关系的影响因素　/103
　　留守儿童在人际交往中的问题　/110
　　健康人际关系的培养　/113

第 8 章　留守儿童学习问题　/115
　　学习心理概述　/116
　　留守儿童常见的学习问题　/121
　　学习心理问题调适　/134

第 9 章　留守儿童的自我认同　/138
　　农村留守儿童的自我认同　/139
　　自我认同与儿童健康成长的关系　/141
　　农村留守儿童自我认同存在的问题　/142
　　农村留守儿童的家庭自我认同意识　/144

第 10 章　留守儿童情绪问题　/147
　　情绪的概述　/148

　　　　留守儿童情绪问题　/153

　　　　留守儿童负面情绪调适　/165

第 11 章　留守儿童的网络心理健康　/170

　　　　网络成瘾概述　/170

　　　　留守儿童网络心理行为特点　/175

　　　　网络对留守儿童心理需求的满足　/182

　　　　培养健康的网络心理　/184

第 12 章　留守儿童问题展望　/187

　　　　留守儿童的公共政策干预　/188

　　　　留守儿童的学校支持　/193

　　　　留守儿童的社区支持　/195

　　　　留守儿童的家庭支持　/197

参考文献　/203

第 1 章

绪　论

【案例 1】

2015 年 6 月 9 日 23 时许，毕节市七星关区田坎乡 4 名儿童在家中疑似农药中毒，经抢救无效死亡。据记者了解，4 名儿童为留守儿童，年龄最小的 5 岁，最大的 13 岁，父母均在外打工。公安机关对儿童死亡原因展开调查，确定非人为因素导致死亡。

【案例 2】

来自西北某省农村的小强，是北京某名牌大学四年级学生，学习努力，成绩突出，每年都能拿到最高级别的奖项——"国家级奖学金"。但是，他经常闷闷不乐，也不愿意和同学亲近，总是独来独往。宿舍的书架上摆满了他获得的各种奖项，他既不引以为傲，也难有持续的开心。他坦言，一年 365 天，如果有 5 天稍微开心的日子，他就觉得很满足了。后来，他被诊断患有难治性的反复发作的抑郁症。心理医生告诉他，这跟他不到半岁时，爸爸妈妈就把他丢给爷爷，双双到城里打工挣钱的经历有关。他的抑郁症早就有了，只不过"一白遮百丑"。优异的学习成绩，使他成为众人心目中的榜样，根本没人认为，他有什么问题。而诊断结果也让他很吃惊，似乎找到了自己某些"怪癖"：吃手指，不喜欢社交，害怕参加聚会等等。

【案例3】

丁丁6岁，住在3层的独栋别墅里，除了去国际幼儿园，其他时间，家里只有保姆、司机、园林工人，他一个人待在装修豪华、又大又空的房子里，看电视、打游戏、跟小狗玩儿。因为集团公司的董事长爸爸和财务总监妈妈，总是国内外飞来飞去……只有生日、儿童节、春节，丁丁才能见到他们。他不能随便出门，不能像其他小朋友一样随便结交朋友，在外面疯玩儿。因为，爸爸妈妈担心他被坏人绑架，丁丁常常羡慕那些在农村的孩子，因为他们可以光着脚满处跑，下水摸鱼，随便淋雨……

改革开放以来，留守儿童问题一直是我国城乡一体化进程中的突出问题。2013年，中华全国妇女联合会（下称全国妇联）在《全国农村留守儿童、城乡流动儿童状况研究报告》中指出：全国有21.88%的儿童为农村留守儿童，数量达6102.55万，占农村儿童的37.7%。农村留守儿童高度集中在经济相对落后的西部地区，如四川、广西、贵州等地。留守儿童数量逐年增长，与之伴随的是留守儿童心理问题频发，贵州毕节市4名留守儿童自杀等典型案例，将留守儿童心理问题提上议事日程，引发社会各界的高度关注。同时，相对于以往将留守儿童限定为农村留守儿童，新近有学者提出更广义的"留守儿童"概念，将城市交由祖辈或保姆代管，物质生活优越，情绪及精神生活孤单，心理问题频发的儿童也纳入留守儿童范畴。这些都是新出现的亟待解决的问题。

由此可见，留守儿童的心理健康教育问题必要且急迫，既是家庭亟待解决的问题，也是街道、社区、乡镇亟待解决的需要纳入工作范畴的问题，同时也是我国各级政府部门管理工作的新挑战。

如何统筹各部门跨领域合作，科学地对留守儿童的心理问题进行综合治理、有序管理和有效疏导，加强专业队伍的建设，对留守儿童个体及群体，进行专业研究分析，并辅之以必要的人文关怀，建立全社会整体协作的留守儿童干预体系，成为攻克这一难题的关键。留守儿童从小亲情缺失,早期养育和依恋问题丛生,继而为其心理和人格问题埋下隐患,如果不尽早对留守儿童心理问题进行有效干预,无论从个人成长还是国家人才战略来看,留守儿童群体成年后引发的问题,将给中国劳动力市场的人才红利以及国家的长治久安,带来巨大且深远的影响。因此,我们需要及早重视留守儿童问题,深入了解他们的内心需要和成长愿望,真情爱护、关怀,将保障留守儿童的身心健康纳入学校、社区、政府相关部门的议事日程,建立家庭、学校、社区、全方位有效干预体系,修复和重塑其健康人格,促进留守儿童健康成长。

留守儿童心理研究的起源、意义

何谓留守儿童?留守儿童是指由于父母双方或一方外出务工而被留在户籍地,交由其他亲人或委托人照顾的处于义务教育阶段的儿童(6—16岁)。留守儿童不仅存在于农村,在中小城市中也有相当规模的留守儿童。在我国,留守儿童并非自古就有,这一群体伴随着中国的城市化进程而出现的。

20世纪80年代初,随着现代化进程的不断加速,我国农村剩余劳动力开始大规模向城市转移。由于诸多因素的限制(如严格的户籍管制、恶劣的住房条件、昂贵的借读费、无安全保障等),进城务工人员不得不将孩子留在农村,最终形成了农民工父母与子女两地分隔的局面,从而导致一个新的低社会经济地位群体——留守儿童的产生。2016年3月,民政部、教育部、公安部在全国范围内联合开展农村留守儿童摸底排查工作。经过近8个月的精准摸排发现,全国农村留守儿童数量为902万人,超过90%分布在中西部省份。从范围来看,中部省份农村留守儿童463万人,占全国农村留守儿童总数的51.33%,江西、四川、贵州、安徽、河南、湖南和湖北等省的农村留守儿童数量都在70万人以上。其中,由(外)祖父母监护的留守儿童为805万人,比重高达89.2%。所有隔代照顾农村留守儿童的祖父母平均年龄为59.2岁,绝大部分处于50—60岁之间,受教育水平很低,绝大部分只有小学文化,甚至有近20%从未上过学。受教育水平的限制，隔代教养面临诸多困难和挑战，特别是在儿童身心健康方面。近年来，由于留守儿童规模的不断扩大和这一群体本身的特殊性，一些教育者和研究者已经开始对其进行实证研究，这些研究着重关注了留守儿童的心理健康状况。众多的调查研究表明，留守儿童因为长期的情感缺失、父母教育的缺乏等多方面原因，和其他儿童相比，普遍存在着自卑、焦躁、疑虑、憎恨等心理。关注留守儿童的心理健康，这不仅关系到成千上万的留守儿童的身心健康和生活幸福，更关系到祖国下一代的成长成材和社会国家的稳定。

目前，市面上已经出版过不少关于留守儿童的书籍，但是大多都是针对现状的调查报告或具体的心理问题的指导手册，尚没有综合全面地论述留守儿童心理健康问题的书籍。留守儿童究竟有哪些心理问题？这些问题都是哪些因素造成的？家庭、学校应该如何去应对和解决这些问题？留守儿童自身能否主动去调适？对于问题留守儿童有哪些好的治疗措施？……对于这些问题以及其他类似的问题，读者都可以从本书中得到有益的知识和帮助。

留守儿童心理研究的主要方法

留守儿童作为心理学研究的一个特殊目标群体，其研究方法也从属于心理学方法的范畴。在研究留守儿童心理问题的过程中，我们应注意在方法论上遵循唯物辩证法和历史唯物论的基本原则；在具体方法的运用上严格遵循科学性、客观性和实践性的统一，用联系的全面的观点进行分析，实事求是地说明问题。下面就留守儿童心理研究的主要方法做一概述。

一、观察法

观察法主要是由主试（医生或心理工作者）通过直接观察或在谈话过程中进行的观察对被试（病人或者健康人）的心理、行为表现进行有计划、有目的的了解。在进行观察时，除了直接的视觉观察以外，常常要辅助以谈话，因为通过谈话，可以使观察更有目的、更有方向地进行，还可以使观察一步步地深入下去。在观察之前应做好准备，了解被观察者的基本情况，制订出观察目的和计划。在观察过程中要客观如实地进行记录，然后根据观察所得的资料进行客观分析。

观察法可分为自然观察和控制观察。自然观察是在不加任何控制的自然情景中对个体的行为表现进行直接的观察记录和分析，是在被试自由活动状态下进行现场观察。当然也可以借助于录音、录像或摄影，以及取样本做实验室化验等进行间接的观察。控制观察则是在预先设计好的特定情境中对个体进行观察，如让被试进入一个预先布置好的可以引起紧张情绪气氛的环境中，记录其情绪反应和行为表现的变化过程。观察的内容一般可以包括身体外观、仪表，言谈举止，行为表现，情绪状态，人际交往风格，对己对人对事的态度，在活动中表现的兴趣爱好，在困难情境中的应对方式，等等。

二、个案调查法

个案调查法是把被试（如病人）作为一个单一的案例进行全面、深入、系统、详细的调查研究。个案材料的来源可以是被试的自述或者他人的报告。在分析自述时，我们应注意被试所用词句的确切含义。对于他人的报告则要注意其对被试的态度及他们之间的关系。个案调查法可以通过交谈、问卷和活动产品分析（包括被试的作业、日记、信件、绘画等）等方法来取得资料。个案内容除了个人的一般资料如个人史、既往史、现病史以外，还需要详细了解个人的生活经验，家庭生活与人际关系状况，学习或工作情况，心理发展和教育情况，对人对己对事的态度和风格，在集体中的表现及其兴趣爱好、性格特点，重要的生活事件和精神刺激以及最近的病情变化等。

个案调查法比较重视研究结果对于样本所属的群体的普遍意义，因此，在进行个案调查时应注意选择有代表性的个案样本。在作个案记录时最好采用系统的、传记式的记录方式，不仅要内容准确，描述细致，还要文字简练，尽量避免使用专门术语。

三、心理测验和行为评定量表法

无论是在临床实践工作中的诊断,还是在研究工作中的测试,都需要一种对于心理异常表现能够进行定性、定量,同时又简单易行、容易操作的方法和手段。各种心理测验工具和行为评定量表,在某种程度上可以满足这个要求。

(一)心理测验

心理测验是由心理实验方法发展而来的一种心理学技术,是对人的某种心理现象进行客观的标准测量的方法。心理测验有各种各样的量表,如记忆量表、智力量表、人格量表以及神经心理测验量表等,其中每一方面又包括许多的具体量表。在心理学的研究和临床工作中,心理测验有着十分重要的作用。例如,对于智力落后儿童的鉴别,对于心理与行为的正常与异常的诊断,对于患者是否有人格障碍的诊断等等,都可以借助心理测验进行较客观的和数量化的比较,并可缩短观察时间,较快地做出鉴别。

(二)评定量表和行为评定法

在心理学尤其是精神病学的临床研究中,为了更有效地对病人进行诊断和治疗,临床心理学家和精神科医生合作编制了许多评定量表,如各种抑郁量表、焦虑量表、躁狂量表、精神症状评定量表等。行为评定是除了心理测验之外,对病人的行为表现(外显行为和动作反应)进行评定。它一般是按照事先编号的一个结构化会谈提纲(或问卷)通过谈话来引起病人的动作反应和行为表现,还可进行打分,所以行为评定也可以数量化。

第 2 章

留守儿童心理健康概述

"奶奶,我想吃肉。"

奶奶:"等你爸妈这个月寄钱回来就买肉给你吃,你爸妈已两个月没寄钱回家了。"

"我一岁时爸妈就外出打工,五岁的时候见爸妈,那种陌生感让我害怕,记得特别清楚。九岁时候,爸妈回老家盖房子,妈妈买了很多吃的,我就去拿饼干吃,因为没吃过,所以就多拿了点吃,以为没事,结果被妈妈骂得很惨。童年里的爸妈已经记不清了,饼干这件事是记得最清楚的。"

"作为一个已经成年的留守儿童,现在已经不考虑结婚了,要是让我的后代重蹈一次覆辙,我宁愿不结婚。由于父母分隔两地的关系,导致双方沟通少,误会多,感情被磨得七零八落。转移到自己家庭中则是充满一股诡异的气氛。电视上还总播放家庭和谐欢乐的电视剧和动画,想想还真是魔幻。"

成长中父母的缺席,不仅仅影响着孩子的当下,这种父母关爱的缺失与对父母的陌生感对孩子一生的心理健康都有着深远的影响。

概述

一、什么是心理健康？

心理健康是个体在复杂环境下仍能保持高效、持续、协调状态的一种心理状态，是现代社会进步与人类自身发展的客观要求。近年来，随着人们生活水平的不断提高，心理健康逐渐在世界范围内得到重视和发展。

什么是心理健康？也许大多数人都能对这个问题给出自己简单的理解。《简明不列颠百科全书》对心理健康给出这样的定义："心理健康是指个体心理在本身及环境条件许可范围内所能达到的最佳功能状态，但不是十全十美的绝对状态。"1946年的第三届国际心理卫生大会将心理健康定义为："在身体、智能及情感上，与他人的心理健康不相矛盾的范围内，将个人的心境发展成最佳的状态。"在学术界，学者们对心理健康概念的界定也有不同的观点。如，日本学者松田岩男认为："所谓心理健康，是指人对内部环境具有安定感，对外部环境能以社会认可的形式适应的一种心理状态。"精神病学家门宁格认为："心理健康是指人对于环境及相互间具有最高效率及快乐的适应情况。不仅要有效率，也不只是要有满足感，或是愉快地接受生活的规范，而是需要二者兼备。"在国内，学者王书荃认为，心理健康指人的一种较稳定持久的心理机能状态。在个体与社会环境的相互作用中，主要表现为在人际交往中能否使自己的心态保持平衡，使情绪、需要、认知保持一种稳定状态，并表现出一个真实自我的相对稳定的人格特征。她认为如果用简单的一个词来定义心理健康，就是"和谐"。个体不仅自我感觉良好，与社会发展和谐，发挥最佳的心理效能，而且能进行自我保健，自觉减少行为问题和精神疾病。对此，学者刘艳在概括各种观点的基础上也认为，心理健康是个体内部协调与外部适应相统一的良好状态。而学者刘华山的观点也大体相同，他认为心理健康指的是一种持续的心理状态。在这种状态下，个体具有生命的活力、积极的内心体验、良好的社会适应，能有效地发挥个人的身心潜力与积极的社会功能。

从上述对心理健康众说纷纭的定义来看，目前学术界对心理健康并没有统一的定义，但是总结起来，以上观点均是围绕个体内部调节与外部环境的适应状况来说的。其实，简单来说，我们认为心理健康是个体在与外界环境的交互作用中所呈现出的统整、和谐、持续的状态。外化在行为上，包括两层含义：一是无心理疾病，这是心理健康的最基本条件，心理疾病包括各种心理与行为异常的情形；二是具有一种积极发展的心理状态，即能够维持自己的心理健康，主动减少问题行为和解决心理困扰。

二、心理健康的标准是什么？

心理健康的标准，是对心理健康概念的具体化和操作化，我们通过设定一定的标准来将抽象的概念具体化，进而在实践上进行操作化。由于各界学者对心理健康概念的理解存在差异，因此，在心理健康标准上也存在着不同的观点。

比如，我国学者黄希庭教授曾提出过判断心理是否健康的五条标准：个人的心理特点是否符合相应的心理发展的年龄特征；能否坚持正常的学习和工作；有无和谐的人际关系；个人能否与社会协调一致；有没有完整的人格。北京大学王登峰教授对心理健康的标准也提出过八条内容：了解自我、悦纳自我；接受他人、善与人处；正视现实，接受现实；热爱生活，乐于工作；能协调与控制情绪，心境良好；人格完整和谐；智力正常，智商在 80 以上；心理行为符合年龄特征。

在对心理健康标准的不同划分中，也存在着一些问题纷争。学者江光荣将不同的观点分为"众数原则"和"精英原则"之争。"众数原则"认为假定社会成员中绝大多数人的心理行为是正常的，偏离这一正常范围的心理和行为可视为异常。与"众数原则"持相反意见的是以人本主义心理学家为主要代表的研究者。人本主义心理学家认为，人生来就是天性善良的，如果外部环境适宜，人就能顺其天性发展出良好的人格或心理品质。如果在一个社会中，占主导地位的外部环境是异常的，那么在此条件下多数人都将不能顺其本性发展，这样，众数所代表的人格就不是健全的人格。

沿用这一思路，人本主义心理学家马斯洛提出了一条与众不同的心理健康标准。这也就是目前大多数人所接受的"经典十条"：（1）有充分的安全感。安全感是使人内心安静的基本需求之一，如果每天心神不宁，很容易导致各种心理疾病的产生。（2）了解自己，对自己做出客观、合理的估价。如果去做一些超越自己能力的事情，就会显得力不从心，甚至带来心理上的焦虑。（3）理想、目标切合实际。过高过低的目标都不能带来生活的乐趣。（4）适应环境。增加与外界接触的机会，从而丰富精神生活，调整自己的行为，以便更好地适应环境。（5）保持人格的完整与和谐。各种能力、兴趣、气质等心理特征和谐而统一地发展。（6）善于从经验中学习。不断学习和丰富新的知识和信息，适应新的形势，尽量少走弯路，积累经验，以取得更多的成功。（7）保持良好的人际关系。正向、协调的人际关系对人的生活和心理健康有很大的促进作用。（8）控制情绪并合理表达情绪。及时释放负向情绪，分享正向情绪，以求得心理上的平衡。（9）适应群体、发挥个性。在不损害他人利益的情况下充分发挥兴趣爱好。（10）适当满足个人需要。在不违背社会道德规范的前提下，合法、合理地使个人需要得到满足。在"经典十条"之外，还有两种心理健康的标准在目前被广泛承认和引用。一个是国际心理卫生大会所给出的四条标准：（1）身体、智力、情绪十分协调；（2）适应环境，在人际交往中能彼此谦让；（3）有幸福感；（4）在工作和职业中能充分发挥自己的能力，过有效率的生活。还有一个是人格心理学家奥尔波特对心理健康提出的七条标准：（1）自我意识广延；（2）良好的人际关系；（3）情绪上的安全性；（4）知觉客观；（5）具有各种技能，并专注于工作；（6）现实的自我形象；（7）内在统一的人生观。这三种关于心理健康的标准是目前最被认可与接受的，通过这些标准的划分，每个人都能对抽象的心理健康做出自己的判断和评价。

哪些孩子是留守儿童？

20世纪80年代以来，随着改革开放政策的实施以及经济的快速发展，中国出现了大规模的人口转移。由于经济发展的地域差异以及城乡之间人口流动限制的打破,大批农村剩余劳动力逐渐向城市或经济富裕地区转移,形成了迄今世界上规模最大的人口转移,即"民工潮"。据调查显示,2000年,全国流动人口数量为1.21亿人,2003年则增加到1.4亿人,其中青壮年劳动力占全部流动人口的70%左右。在这一大批"民工潮"中,青壮年外出打工的越来越多,许多已婚且有子女的父亲或母亲也加入到外出务工大军的队伍中。然而,由于我国城乡二元结构体制的限制,大批人口的流动和转移也加大了城市在就业、住房、医疗、教育、交通和社区服务等方面的压力,加上我国现行的户籍制度和人口分布状况使这些压力转移到流动者身上,造成很多进城务工的农民在户籍、待遇、福利以及子女教育等方面还不能享有和市民一样的待遇,从而出现一系列问题和难题。因此,只有一部分经济条件较好的父母,外出打工时能将子女带在身边,设法让其在务工所在的城市入学,大部分进城务工的父母仍然没有能力去支付孩子进城就读所面临的借读费、学费等诸多开支,因此,只能将子女留在老家,或托付给祖辈照料,或委托亲戚朋友代为照看,造成亲子之间长期不能生活在一起,形成了中国特有的一个新的弱势群体——留守儿童。留守儿童的出现是社会转型过程中城乡一体化的必然现象,也必然在一个较长时间内存在。据全国妇联提供的最新数据,中国农村留守儿童已超过6 000万人,这种大规模群体的出现,已引起社会各界的广泛关注和重视。

一、哪些孩子是留守儿童?

留守儿童是在当今时代社会变迁和城市化的背景下形成的特殊群体。由于流动儿童也是在大规模的人口迁移中出现的,很多人对留守儿童与流动儿童的概念界定不清。流动儿童是指那些随父母一起来到父母务工城市就读,与父母生活在一起,但是户籍仍留在农村的儿童。两者并不相同,不能混为一谈。那么具体什么是留守儿童,目前学术界对留守儿童的定义众说纷纭,并未形成统一的观点。我国学者佘凌、罗国芬在以往研究的基础上总结出对留守儿童定义的纷争目前主要集中在以下三个方面。

(一)留守儿童一般是几岁?

这一类观点认为留守儿童是指父母一方或双方在外打工,由祖辈、亲戚、朋友等其他监护人养育的儿童。但是对留守儿童的年龄界定观点不一。有人将年龄上限设定为 16 周岁，认为 16 周岁以下的儿童才叫留守儿童。（黄小娜，2005）在这个年龄界定上，中央教育科学研究所教育发展研究部的学者吴霓等人在《中国农村留守儿童问题研究》一文中持相同观点，所不同的是，吴霓课题组对留守儿童的年龄作了下限的界定，将年龄限制在 6—16 岁。另一种观点是叶敬忠等学者将留守儿童的上限界定在 18 周岁以下。他认为，留守儿童是农村地区因父母双方或单方长期在外打工而由父母单方、长辈或他人来抚养、教育和管理的未满 18 岁的孩子。此外，还有的研究则以处于义务教育阶段的儿童或未成年人来作为对留守儿童年龄的界定。如叶峰等学者认为，留守儿童即父母一方或双方外出打工而被留在农村家乡，并且需要其他亲人或委托他人照顾的处于义务教育阶段的儿童。这些观点在年龄界定上不能达成统一，但是更多的研究只是强调父母双方或一方在外打工，而没有对留守儿童的年龄进行明确的界定。

（二）留守儿童的父母均在外打工吗？

这一类观点主要是对留守儿童父母外出数量上的争论。有的学者认为只有父母双方都外出打工的孩子才算是留守儿童。例如，范方等人认为，"留守儿童"是指其父母双亲长年外出打工而被留在家乡，需要他人照顾的未成年孩子。吕绍清也将留守儿童界定为农村地区父母双方在外打工就业而被留在家乡就读小学和初中的儿童少年。但大部分学者都认为不要求父母双方均外出打工，只要其中一方在外务工，留守在家的孩子都可以被称为留守儿童。如段成荣、周宗奎（2005）认为留守儿童是指父母双方或一方在外打工，由祖辈、亲戚、老师或朋友等其他人养育的儿童。

（三）只有农村有留守儿童吗？

【案例】

小明是北京市某中学一名高三年级的学生，身着名牌服饰，出手阔绰，每天上学都有司机接送，头脑很聪明，但成绩很差，经常旷课。他的班主任为了改善他的学习状况，找他谈了两次话，但每次都是刚谈完很好，过了两天就又不行了。班主任想，再这样下去，这孩子就要"废"

了，要找他的家长谈一谈，共同解决问题。但当他向小明提出家访时，小明却支支吾吾，推三阻四。在班主任的几番询问下，他终于说出了实情，他的父母常年在国外做生意，很少回家。而且，父母也不关心他的学习，打电话一般也只问钱够不够花之类的，所以他感觉学习没什么用，才会经常不来学校。这下班主任才明白，原来这拥有锦衣玉食的孩子，在心灵上却是如此贫瘠，缺乏父母的关爱，这点与农村的留守儿童并无二致。

这一类观点对留守儿童所生活的地区有所争议，有人认为留守儿童仅存在于农村地区，如前文所说叶敬忠等学者的观点。也有人认为城镇中同样有留守儿童，例如冯建、罗海燕的文章认为，留守儿童是对我国广大农村、城镇地区存在的一种特殊儿童群体的称谓，主要是对由于儿童双亲或单亲外出打工而造成的一种亲子离异的现象的描绘。这一概念的界定并没有像大多数定义那样把留守儿童看作是农村特有的社会现象，而将"农村留守儿童"与"留守儿童"两个概念加以区分。

上述对留守儿童概念的界定观点不一。总结以上观点，本书对留守儿童的定义界定为：父母双方或一方在外打工，由祖辈、亲戚或朋友代管的，与父母长期分离的儿童。

二、我国留守儿童的现状

（一）全国有多少留守儿童呢？

由于对留守儿童概念界定的不同以及计算方法的不同，目前对留守儿童数量的估算还没用形成共识。尽管多数调研组都是从某一地区进行研究，但在宏观上对留守儿童总体规模的探索也有很多。中央教育科学研究所吴霓博士主持的"中国农村留守儿童问题研究"课题项目对甘肃、河北、江苏3省5个县的调研结果表明，留守儿童占农村学龄儿童总数的47.7%。曾经有研究者根据这样的比例指出，即使按最保守的估计，农村留守儿童也不会少于1 000万人。对此持相同观点的还有国家统计局河南调查总队对河南鲁山县、叶县4个乡镇的4所学校500名学生的调查结果。但是中国人民大学人口与发展研究中心的段成荣、赖妙华、秦敏认为，"留守儿童"是指父母中至少有一方外出务工，且年龄在0—17岁之间的儿童。而"农村留守儿童"则指户籍所在地为农村地区的留守儿童。以2015年全国1%人口抽样调查的相关数据为基础，采用简单随机抽户的方法进行计算，2015年留守儿童在全国儿童中所占比例为25.39%，而农村留守儿童在全国儿童中所占比例为15%。依此推算，2015年全国留守儿童规模应是6876.6万人，其中农村留守儿童规模为4051万人。由于各个研究者对概念界定不同，加上选择调研的地点和方法也各不相同，留守儿童的规模差异很大，从1 000万到1.3亿，没有形成统一定论。

（二）留守儿童的家庭类型及监护类型

根据研究者对留守儿童的调查研究以及第五次人口普查抽样数据，我们可以将留守儿童的家庭类型归为以下五种类型。

- 父母双方均外出务工，儿童与爷爷奶奶或者外公外婆等祖辈生活在一起；
- 父母一方外出务工，儿童与父母一方生活在一起；
- 父母均外出务工，儿童寄宿在亲戚朋友家；
- 父母双方均外出务工，儿童与兄弟姐妹等同辈生活在一起；
- 父母双方均外出务工，儿童单独留在家中。

这五种家庭类型中前三种类型较为普遍，反应在监护人方面，分为以下五种监护类型

1. 隔代监护

隔代监护是指留守儿童父母均外出务工，由祖辈照顾和抚养孩子的监护方式。隔代监护的方式利弊各半，有利的一面是祖辈对隔代子孙往往疼爱有加，让留守儿童充分感受到家的温暖，弥补了父母不在身边的苦闷。但是隔代监护也有其不容忽视的弊端。祖辈监护人一般文化程度较低，教育观念陈旧，容易溺爱孩子，不能对孩子的学习进行有效的监督和辅导。而且，由于与孙辈年龄相差较大，"代沟"明显，祖辈不能很好地与留守儿童进行沟通与交流。这些都会使留守儿童在生活上适应不良，不利于孩子社会化。

2. 单亲监护

单亲监护是指父母双方中的一方外出务工，另一方在家抚养子女的监

护方式。这种监护方式的好处显而易见，由于父母一方在孩子身边，孩子的生活变化不大，并且父母对自己孩子的照顾一般是最为贴心和尽心的。但是这种监护方式的弊端也有很多。首先，由于一方外出务工，留守的一方必然会承担更多更重的家务和农活，过重的劳动负荷会影响到留守一方的耐心与情绪，表现为对孩子的管教和监督缺乏耐心，无力顾及孩子的学业及心理变化，打骂现象较为普遍。

3. 上代监护

上代监护指父母均外出打工，由父母同辈人，一般为可靠的亲戚或朋友来代养的监护方式。通常情况下，上代监护是交给孩子的姑姑、舅舅等血缘较近的亲戚来监管。上代监护的好处在于比祖辈更有精力去照顾孩子的日常生活和学习，但是一般情况下，姑姑、舅舅等也有自己的孩子，并且担心对孩子管教过严会影响自己与孩子父母的关系，因此，对留守儿童大多重点关注物质方面的需要，精神方面的沟通比较少。而且留守儿童在这种寄人篱下的环境中也容易形成敏感、自卑、孤僻等性格特征。

4. 同辈监护

同辈监护是指父母双方均外出务工，留守儿童由年龄稍大的兄弟姐妹照顾的监护方式。同辈监护的好处在于同龄人之间不存在代沟现象，彼此之间能经常沟通和交流，在生活和心理上能给留守儿童一定的慰藉。但是，同辈监护也会使留守儿童承担一定的家务和农活，压力较大，并且同辈之间监督和管教的威望不高，不能有效地实施监护人的职责。很多同辈监护人自己也是孩子，精力上也不能很好地对留守儿童进行悉心照顾。

5. 自我监护

自我监护是指父母外出打工，留守儿童自己管理自己的监护方式。这种监护方式所占的比例不大，且一般发生在孩子年龄较大的家庭。自我监护对留守儿童自身自控能力要求很高，在无人管教的状态下，如果没有较强的自制能力，自我监护比其他监护类型更容易出现问题。

三、留守儿童常见问题

留守儿童正处于身心发展与转型的关键时期，这一阶段，由于外出务工父母不能陪在身边,留守儿童的生活突然发生了变化,若此时孩子不能很快地适应环境,很容易在生活和学习上出现各种问题。这些问题总结起来可以分为以下四个方面。

(一) 安全问题

留守儿童由于父母不在身边,缺乏有效的监督和管教,很容易产生安全问题。近年来,农村留守儿童溺水、触电、车祸、自杀、伤残等意外伤亡事故不断发生。这些安全事故有些是因为监护人没有履行好看护职责,如孩子生病没有及时治疗,对孩子水、电等知识的普及不够等造成的,有些是由于对留守儿童疏于管教,使孩子养成霸道、好斗的性格,致使其出现打架斗殴伤残的情况。

(二) 学习问题

父母外出务工之后,与孩子沟通联系的机会变少,沟通方式单一,对孩子的教育和影响功能也大为削弱。留守儿童在学习和生活上遇到的疑惑或问题不能及时有效地解决。对于与祖辈生活在一起的留守儿童,由于祖辈文化水平一般较低,没有能力很好地对孩子的学习进行辅导和监督。对于其他监护类型的孩子,监护人由于生活压力及家务负担的沉重很少有精力去辅导孩子的学习。这导致多数农村留守儿童得不到很好的辅导和监督,出现学习目的不明确,学习态度不端正,学习习惯不良,学习动力不足,学习成绩下降等问题,有的留守儿童甚至早早走上了辍学打工的道路。而只有少数自控能力较好的农村留守儿童能够刻苦学习,成绩优异。

(三) 心理问题

据调查,农村留守儿童 6 周岁及以上的学龄儿童占全部留守儿童的 **65.28%**。留守儿童正处于心理发展的关键时期,身心发育尚未成熟,自我认识和自我调控能力不强,心理承受能力较差,特别需要长辈尤其是父母的关爱与引导。而此时,父母外出务工使留守儿童缺乏情感上的交流与呵护,留守儿童生活和学习中所发生的各种心理冲突不能得到及时的引导和梳理,很容易产生认识上的偏离。不少留守儿童出现抑郁寡欢、孤僻冷漠、胆小自卑或攻击性强、怪诞失常等心理问题。一项研究表明,农村孩子的心理问题和行为问题比例高达19.8%，远高于城市孩子的8%，这其中55.5%的留守儿童表现为任性、冷漠、孤僻和内向，他们对待批评教育，往往采取逃学、游逛甚至离家出走的过激行为。农村留守儿童的心理问题由于长期得不到缓解与疏导，使他们成为心理问题的"高发群体"。

(四) 行为问题

行为问题是留守儿童最易出现的问题，也是表现最为突出的问题。由于父母常年在外，与孩子缺乏有效的沟通与监督，加上长期与父母两地分离，缺少家庭的亲情关怀等多重原因，留守儿童在行为上很容易出现一些不良行为，如打架斗殴、行为冷漠、逆反无理、自卑闭锁、胆怯柔弱等偏差行为。这种行为长期发展下去，对于儿童身心发展非常不利。

四、什么影响着留守儿童的心理健康？

心理问题的出现是多种环境相互作用的结果，留守儿童的心理问题也是如此，我们不能把孩子出现的情感缺失和心理异常问题的原因简单归结为父母长期不在身边，它的出现是学校、家庭、社会、社区、同伴群体以及留守儿童自身等多种因素交互作用的结果。

(一) 家庭

家庭是儿童成长和社会化的第一环境，是儿童身心健康发展，个性品质形成的重要场所。家庭对孩子心理和行为的巨大影响已经成为心理学中一个不争的事实。对留守儿童来说这种影响不仅体现在亲子之间的关系，还表现在监护人对孩子的影响上。

留守儿童正处于身心发展的关键时期，在生活、学习等方面面临着很多问题与挑战，加上此时父母外出务工，家庭环境的变化使留守儿童在生活及情感的适应上也会出现诸多问题。父母是孩子最亲近的人，也是儿童身心发展的重要教育者和引导者，此时如果父母能经常及时地给予孩子情感上的沟通和交流，重视留守儿童心理上的变化与发展，就能有效地预防儿童在成长中出现的心理问题和行为偏差，反之，留守儿童会很容易产生各种心理问题。此外，留守儿童由于其特殊性，在家庭中还存在着监护人影响的因素。父母长期不在家中，监护人便成了留守儿童心理成长的重要承担者，监护人的思维习惯、文化程度、与留守儿童的关系以及监护家庭的氛围都会对留守儿童的心理发展产生很大的影响。

（二）学校

在儿童的成长过程中，学校是除家庭之外的又一大活动场所，儿童在学校的时间达到平均每天 8 个小时，甚至比在家庭中的时间还多。学校的办学条件、教育理念、师资力量以及学校氛围对孩子的身心发展都有着重要的影响。一般情况下，在教学设施齐全、教育理念先进、教师素质较高、学校氛围团结友好的环境下留守儿童能够得到更多的关注和保护，留守儿童面临的各种问题和挑战也会在学校得到老师和同学的帮助和解决，弥补家庭带来的缺陷。如，有些学校在办学理念中重视素质教育，丰富孩子的学习生活，重视孩子综合素质的提高，有些学校还设有专门的心理健康课程或心理咨询室，有些教师在工作上细心观察，及时发现孩子出现的问题，这些都在一定程度上给留守儿童带来温暖和感动，缓解留守儿童面临的困境。相反，如果学校办学条件简陋、教育理念刻板、教师素质不高，留守儿童的很多问题得不到重视和解决，有时甚至会加重孩子的心理负担。

（三）村落或社区

留守儿童所生活的村落和社区也是影响留守儿童心理发展的外部环境之一，一个村落或社区的氛围对留守儿童的健康成长有着不可忽视的影响。居住在一个村落或社区的人们在彼此之间的交流与互动中相互影响着。一般看来，如果村落或社会的人们彼此之间互帮互助、和谐共处，一方有难、八方支援，彼此之间如亲人般热情真诚，村落或社区氛围温馨和谐，那么，留守儿童就更能体会到爱与关怀，看待问题的角度和方式也会不同，更容易形成一种积极、感恩的心态去面对生活。而如果村落或社区的氛围恶劣，邻里之间冷漠、封闭，彼此之间矛盾不断，留守儿童更容易产生孤独、冷漠的心理，在看待问题和解决问题上自私、冷漠，以消极、极端的心态看待生活。

（四）同伴群体

在儿童的世界中，除了成年人这一群体，还存在着一类人与他们关系密切、影响巨大，这一群体就是同伴群体。同伴是儿童在生活中所接触的、与自己年龄相仿的一群人，因为年龄相仿，所处的人生阶段相似，因此面临的问题以及生活中的兴趣、爱好均有共通之处，而且同伴之间不存在对彼此的监护、责任等因素，相互之间更能真诚地进行沟通和交流。因此，父母不在身边的情况下，留守儿童在遇到问题和困难时会第一选择求助于同伴群体，征求对方意见。此时，同伴群体的性格特征、思维方式以及行为习惯在彼此的沟通与交流中会在一定程度上影响到留守儿童看待问题和处理问题的角度和方式，如果同伴之间的互动交流属于良性过程，留守儿童就能正确地对待问题、解决问题。相反，就很容易出现一些偏激的行为和心理。因此，可以说同伴群体也是影响留守儿童心理健康的一大重要因素。

（五）社会监护体系

社会环境是个体心理发展必须依赖的外部条件，留守儿童的心理发展与其所处的社会环境有着密切的关系。由于家庭监护的弱化，学校监护的局限，社会监护体系便显得至关重要。社会监护体系是留守儿童所处的一个较大的外部环境，在这个环境中各级政府部门能否明确划分并担负责任，建立家庭、学校和社会共同努力、协调参与的留守儿童监护体系，对留守儿童的心理发展有很大影响。因此，社会监护体系也是影响留守儿童心理健康的重要因素。

（六）自身因素

在上述的家庭、社会、学校等因素的介绍中，我们可以看出，这些都是影响留守儿童心理健康的外部因素，留守儿童自身发展的因素则是影响他们的内部关键因素。我们知道，人的心理活动是在与外界事物进行互动的过程中产生的，在这个过程中外界的刺激通过人自身的判断和解释发生作用。因此，儿童自身的心理弹性就变得十分重要，心理弹性是主客体交互作用过程中主体心理及外化的一个完整的结构和体系，留守儿童在面对生活、学习、心理等各种问题的时候，心理弹性的强度、平衡性以及灵活性决定着他们对事情的接受程度以及心理状态。因此，在留守儿童的心理发展问题上，自身的心理弹性也是影响其心理健康的关键因素。

留守儿童有哪些常见的心理问题？

留守儿童现象已经成为全民共同关注的社会问题。留守儿童由于长期生活在特殊的环境中，缺乏父母的关爱与呵护，长此以往，产生了性格柔弱、自卑、自负、孤僻叛逆等一系列的心理问题。在留守儿童反映出的种种问题中，最核心、最主要的几个问题表现为：

一、人际关系问题

人际关系的处理关系到个体能否健康和谐地与他人相处，也关系到个体与自身的相处是否健康，人际关系始终是影响个体心理健康的一个重要因素。留守儿童的社会交往包括纵向和横向两个维度。纵向交往指与祖辈、父辈和老师等对象之间的交往，横向交往指与同伴之间的交往。大量实证研究表明，留守儿童所面临的人际关系问题相比非留守儿童更为严重。留守儿童较之非留守儿童存在的人际交往障碍更为显著。

留守儿童的人际交往障碍主要表现为在人际交往中没有遵守交往规范，不懂人际交往技巧，甚至不敢交往、不愿交往和不能交往。

二、学习问题

留守儿童在父母外出务工后多是由祖父母或外祖父母监护，也有少数由亲朋好友监护，或兄弟姐妹之间互相照顾。由于生活在特殊的家庭环境中，留守儿童在学习方面普遍存在困难，加之一些留守儿童在学习上自觉性差，纪律性不强，缺乏良好的学习习惯，主动性不高，成绩不理想，得不到学校和老师的重视，他们因此极易产生厌学、逃学、学习劲头不足等不良心理或行为。

留守儿童缺乏良好的家庭教育，他们常常想念父母，导致上课注意力不集中，对学习和生活缺乏热情，进取心不高，自觉性不强，甚至有厌学倾向，年级越高这种现象越明显。

三、自我问题

"自我"又可以叫作自我意识或自我概念，是对自我存在状态的认知，自我问题就是"我是谁"的问题。在本书中，自我主要涉及的是自我认同问题，也就是自己对自己角色的一种确认，是个体一系列个性的统一，是个体区别于其他个体的整体性标识。简而言之，自我认同就是个体对自我的价值定位和判断以及接受程度。

留守儿童在成长过程中遇到了人生中的大问题，那就是亲子关系的突然中断，这对他们来说是个沉重的打击。而且由于儿童的自我认同还尚在形成和确立的关键时期，这时候的父母突然离开对于他们而言就丧失了自我认同的方向和指南针。

留守儿童存在的自我认同问题主要表现为在生活中不能形成内在的一致性，虽然孩子们可能是个乖孩子，但是由于父母不在身边，他们又迫切希望见到父母就会以叛逆、撒娇等极端手段来获得父母的关注，吸引父母回到自己的身边。

留守儿童的自我认同问题还表现为稳定性差，这主要源于尚在形成中的一些价值观念突然被新的价值观念所替代，这自然起源于儿童们的监护人由至亲父母变成了其他亲友，他们之间的差异导致儿童产生了疑惑，无法准确判断何种标准是正确的，何种标准是不正确的。于是，他们变得价值观模糊，也丧失了自我的目标，无法清楚认识自己，在行为表现上就是人云亦云、没有主见，易受他人影响和左右。

四、其他问题

留守儿童所表现出来的主要心理问题除了上述几种外，还存在负面情绪多、情绪管理不善、依赖性很强、社会适应能力差、敌对心理和自卑、倔强、退缩等性格问题。

（一）情绪问题

留守儿童幼儿时就离开父母，从小缺乏父母直接的关爱与呵护，从精神上得不到满足，久而久之，他们变得沉默寡言、内向、不开朗，较为突出的是情绪悲痛、焦虑、厌恶、怨恨、忧郁。

（二）过分依赖

依赖是幼儿需求保持与一个人亲密联系的行为。这在幼儿期是正常现象，会随着年龄的增长而减轻。留守儿童如果没有获得正常完整的父母之爱，其心理年龄则会相对后滞，出现与自身年龄不相称的依赖感。

（三）社会适应能力差

社会适应能力差表现为生活自理能力差，与同伴相处能力差，事事需要别人照顾，缺乏独立生活能力。另外还表现为做事拖拉磨蹭，慢性子，做事情不分轻重缓急，这类问题容易出现在隔代抚养的孩子身上。由于老人行动迟缓，做事慢，儿童在长期和老人相处时受到潜移默化的影响，使其行为表现与正常年龄段的孩子不符。

（四）敌对心理问题

所谓敌对心理是指个人因遭受挫折引起强烈不满时而表现出来的一种反抗态度，是一种消极的个性品质。有敌对倾向的留守儿童软硬不吃，好坏不听，常对他人抱有不友好的态度，甚至把别人的赞扬也当成是冷嘲热讽，把老师、同学的善意批评看作是恶意的挖苦，轻则置若罔闻，重则做出报复、破坏的举动。

（五）自卑、倔强、退缩

有些留守儿童由于父母在外地打工，家境不好，而自觉低人一等，时常担心被同学和老师耻笑，常常情绪低落，不愿意与同学交往，过分压抑自己，封闭自己，悲观失望。也有的儿童用说谎方式，显示自己家庭的完美和睦，又时时担心谎言被揭穿，其实也是一种自卑的表现。

倔强是指对一般性合理要求也表现出强烈的拒绝行为。这是留守儿童常出现的问题行为。这些儿童对班级正常的管理教育和合理要求，经常违抗，经常在课堂上说话，而又拒绝回答问题，故意做些不让其做的事情。

退缩行为是儿童对新环境适应困难而表现出的一种胆怯现象。这类行为多出现在父母一方去世或与继父母关系紧张的孩子身上。主要表现为不愿意主动与同学交往，孤独胆小，沉默寡言，喜欢独处，不敢发言，或回答问题情绪紧张，声音很小。

留守儿童心理健康教育有什么意义？

一、心理健康教育的基本任务有哪些？

心理健康教育的基本任务主要包括心理素质培养和心理健康维护两项任务。

（一）心理素质培养

主要是教育与培养儿童形成良好的心理素质，以助其学业、事业成功。对留守儿童开展心理健康教育，使其不断正确地认识自我，增强调控自我、承受挫折、适应环境的能力；培养儿童健全的人格和良好的个性心理品质。

（二）心理健康维护

主要是使产生困扰和心理障碍的儿童形成并维持正常的心理状态，从而使其能适应社会，正常地成长和发展。这就要求我们给予这些儿童有效的心理咨询和辅导，使他们尽快摆脱障碍，调节自我，提高心理健康水平，增强发展自我的能力。

二、心理健康教育工作有什么意义？

在留守儿童越来越受到关注的当今社会，对留守儿童进行心理辅导，从而维护正常心理、纠正偏态心理、治疗变态心理，具有非常重要的现实意义。

（一）有利于留守儿童的身心健康成长

儿童期是个体心理和生理机能迅速发育的时期，在这个时期对其展开心理健康教育让其了解和掌握心理健康教育的主要内容，就是维护儿童心理健康和维护儿童幸福的预防针。儿童只有对健康和不健康的心理状况有了了解才能更深刻地认识自己，从而有针对性地提高和改善自身。

（二）有利于儿童培养学习的兴趣和高效的学习效率

从以往大量研究文献中可以得知，留守儿童多是隔代抚养或亲友抚养，在满足日常吃穿等需求之外，他们很难保证孩子们的学习氛围，使留守儿童的教育问题堪忧。而健康的心理对于学习、工作的效率起重要的作用，对竞赛技能的发挥更为重要。一个心理健康的人朝气蓬勃、开朗乐观，学习和工作就有劲，效率就高；而一个心理不健康的人常常心神不定，思虑过多，不能集中精力于学习和工作上，既影响生活效率，也大大妨碍创造才能的发挥。因此，对留守儿童进行心理健康教育，让其认识到学习是自我发展和完善的有利途径，有利于留守儿童的学业进步。

（三）有利于智力与个性的和谐发展

心理健康对促进人的智力与个性的和谐发展，对发挥人类最大的聪明才智，对培养人才，具有重要意义。心理健康对于处在智力发展成熟和个性形成时期的中学生尤为重要。一个人重视心理健康，可使大脑处于最佳状态，更好地发挥大脑功能，有利于开发智力，充分发挥各种能力，有利于个性的和谐发展。

（四）有利于心理疾病的防治

心理疾病的发生，有一个从量变到质变的过程。如果我们重视留守儿童的心理健康，就会注意防止和消除产生心理疾病的各种因素，以防止病变的发生和发展。人的心理疾病，大多数是在成长过程中受到各种社会因素的影响而逐渐积累形成的。如果留守儿童有了心理病变的苗头，就应及时采取适当措施，使它在量变过程中得到控制和治疗；如果留守儿童确实患了心理疾病，也可以及早给其积极的治疗，使之尽快恢复健康。

著名心理学家弗洛伊德就认为儿童经验对于人格发展极端重要，在这些经验的作用下会形成一个人长期的人格基本框架与基本特征。所以，儿童早期的生活环境和教育是否适当，直接关系到儿童良好心理品质的形成。

第 3 章

留守儿童心理问题的相关理论

晓馨曾是一名留守儿童。初中没读完，她就辍学来到广州。因缺乏家庭关爱，她期待能有个爱她的人。一场网恋，却让她掉进了无尽的深渊，"嫁"给了比她大20岁的男子，从此与家人失联。警方经历时一年半的寻找，终于在2000多公里外大山深处的村庄里发现了晓馨，成功将她送回到父母身边。毫无疑问，由于没有父母的陪伴，晓馨早期成长缺失了接纳、安全感、赞美和认同等重要的心理营养。而这些重要心理营养的匮乏导致其未成年就被陌生男人轻易拐骗，酿成人生悲剧。

上述的真实案例告诉我们，如果儿童幼年成长中的重要心理营养没有得到满足，那么他们将耗尽一生去寻求，并对他们的人格发展造成不可挽回的负面影响。这就是著名心理治疗大师萨提亚提出的"心理营养"理论。通过对这一理论的学习，我们就可以更好地理解像晓馨一样遭遇的留守儿童问题的症结所在，进而指导教师做好留守儿童心理健康教育。

那么，关于儿童心理发展的主要理论都有哪些呢？本章对心理学各大流派分别进行介绍，希望通过对这些理论观点的介绍，能够为读者进行留守儿童心理健康教育提供切实可行的指导。

精神分析学派

　　精神分析学派由奥地利的精神病学家弗洛伊德于 19 世纪末 20 世纪初创立。精神分析理论属于心理动力学理论，是现代心理学的基石，对整个心理科学乃至西方人文科学的各个领域都有深远的影响。

　　20 世纪 30—40 年代，一些精神病学家和精神分析理论家在对弗洛伊德精神分析学说的反思和批判中建立了新精神分析理论。他们公开反对弗洛伊德学说中的本能论，抛弃了"性力"（又称"力比多"）的概念和人格结构说，把文化、社会条件和人际关系等因素提到了精神分析的人格理论和治疗原则的首位，逐渐形成了新精神分析学派。代表人物主要有阿德勒、荣格、霍妮、沙利文、弗洛姆和埃里克森等。

　　一、弗洛伊德的精神分析理论

　　（一）心理结构

　　弗洛伊德的精神分析学说的核心是无意识的矛盾冲突假说。弗洛伊德认为人们的大多数行为是一种心理动机冲突的结果。他将人的心理结构分为无意识、前意识和意识三个层次。无意识是心理结构的深层，包括了原始的本能和冲动。由于道德和现实的约束，这些冲动和欲望得不到满足，就被压抑到无意识的领域中；但仍不断地寻找出路，试图回到意识中去以求得到满足。前意识是介于无意识和意识之间的部分，由一些可以经由回忆而进入意识的经验构成，其功能是在意识和无意识之间充当警戒，不允许无意识的本能冲动到达意识中去。意识则是心理结构的表层，它面向外部世界，其主要功能在于从心理结构中把那些来源于无意识的本能冲动和欲望排除出去。

　　（二）人格结构

　　弗洛伊德把代表追求生物本能欲望的人格结构部分称为"本我"（又

称"生物我"或"伊特")。"本我"是人格的基本结构,遵循快乐原则,要求无约束地寻求直接的肉体快感,以满足基本的生物需要。如果受阻抑或延误了就会出现焦虑,并且因其不能即刻满足而使这种欲望变得更加迫切和强烈。根据现实原则而起作用的人格结构部分称为"自我"(又称"现实我"),"自我"是"本我"与外界关系的调节者,决定对"本我"的各种要求是否允许其获得满足。弗洛伊德把代表良心和道德力量的人格结构部分称为"超我"(又称"道德我"),受道德原则的支配。从个体发展来看,"超我"在较大程度上依赖于父母的影响。在人格结构中正是"超我"表达了人的性格特征,使人按照价值观念和各自的理想办事。在"超我"形成后,"自我"就要同时协调和满足"本我""超我"和现实三方面的要求。也就是说,在使"本我"要求获得满足的时候,不仅要考虑外界环境是否允许,还要考虑"超我"是否认可。"本我""自我""超我"三者之间的相互关系构成了人的复杂的人格动力结构。一个人要保持心理健康,就必须依赖这三种力量维持平衡,否则就会导致心理失常。

(三)心理性发展理论

弗洛伊德根据对神经症病人的精神分析资料,提出人的一切行为都是以性力为动力的。他所谓的性力并不都是与狭义的性行为有直接关联的,也包括许多追求快乐的行为和情感活动,如父母子女之爱、兄弟姐妹之爱、朋友的情谊等都来源于性的本能,而且婴儿期强烈的吮吸、排便欲望等也带有性的意味。应当指出的是,婴幼儿时期的性力发展对弗洛伊德的精神分析理论是非常重要的。弗洛伊德认为,为了对病人的疾病做彻底的解释并收到完全的治疗效果,就不能仅仅停留在致病当时的经验,而必须追溯到病人的婴幼儿时期(指其性动机的挫折情境)。弗洛伊德将心理性发展分为以下几个阶段(或时期):

- 婴幼儿时期包括口"欲"和肛"欲"两个阶段。口"欲"期(1岁左右),其快乐来源为:唇、口、吮吸、吃、吃手指头。在长牙以后,快乐来自咬牙。肛"欲"期(1—2岁),其快乐来源为:忍受和排粪便、肌紧张的控制。
- 儿童期包括生殖器期(3—6岁),其快乐来源为:生殖器部位的刺激和幻想，恋母或恋父。

- 潜伏期（6—12 岁），又称少年早期，这一阶段的性力倾向大都受到压抑，于是转向外部世界，以追求好奇性知识等为满足。
- 青春期又称生殖器期，逐渐转向异性。
- 成年期。

弗洛伊德的性心理发展阶段理论是其儿童心理发展的主要理论，他认为如果性心理发展的过程不能顺利地进行，如停留在某一阶段上或遇到挫折而从高级阶段倒退到低级阶段，都可能造成行为的异常。他把人格发展的基本动力归之于性本能，认为性本能是否得到满足直接影响人格的发展，强调人格的形成与儿童早期的经验有关，与父母对儿童的教养方式有关。

二、新精神分析理论中的儿童心理发展理论

（一）霍妮的基本焦虑理论

霍妮，德裔美国心理学家和精神病学家，新精神分析理论的主要代表人物之一，社会心理学的先驱。霍妮对焦虑问题的研究比较全面，所产生的影响也较大。她在研究焦虑时，不同于弗洛伊德将内在的人的本能放在重要的位置，而是强调外在的文化和社会环境对人心理的影响。

1. 焦虑的内涵

霍妮认为，焦虑是一种存在于富有敌意的世界里，一个人所体验到的孤独感和无助感。

由于人们有时将焦虑和恐惧当作同义词来使用，所以霍妮特意将二者做了区分。她认为焦虑和恐惧有一个共同的特点，就是它们都是人对危险境况的一种情感上的反应。但两者也有不同之处，恐惧是人对自己不得不面对的危险做出的反应，这种危险是现实存在的，而焦虑则是人对危险的不适当反应或是对想象中的危险的反应。在焦虑情形下，危险是由心理因素造成的或者想象出来的，这种无助感是由个体自身的态度决定的。

2. 焦虑的产生

在霍妮看来，强烈的敌视冲动，并且这种敌视冲动可能会挫败自己的目标，是导致焦虑产生的直接原因。由于害怕挫败自己的目标或害怕敌对

的冲突会给自己带来灾难，因此就必须压抑自己的敌视冲动。压抑敌视是指假装一切事情都是正确的，产生一种没有防御的情感或加强一种早已存在的无防御的情感，通过压抑敌视来克服恐惧或由对敌视有意识来克服。现实生活中，人对敌视意识变得忍无可忍的原因，可能在于当人在敌视某人的同时，他又爱着或需要这个人；也在于人可能并不愿意知道造成敌意的原因是嫉妒或者是占有欲等；还在于人可能怕在自身中发现针对他人的敌意。在这种情况下，为了获得暂时的最方便、最快捷的保障，人便自觉或不自觉地通过压抑行为把敌视冲动排除在意识之外。如果敌视冲动受到压抑，人就丝毫想不到他心中怀有的敌意。压抑敌视本身就能导致焦虑，为了消除焦虑，人可能有意或无意把敌意投射到别的人或者事物上去。总之，霍妮不同意弗洛伊德的焦虑观点：焦虑产生于我们对冲动的恐惧，性欲本身是焦虑的一个特定源泉。她认为焦虑产生于对我们受到压抑的冲动的恐惧，对敌视冲动的压抑是焦虑的特定来源。

3. 焦虑的心理防御机制——神经症的需要

霍妮认为，人格是在人们对于特殊的环境要求做出的反复反应中形成的，如果他所采取的一种策略因经常使用而成了他的人格的一个固定部分时，这种策略就变成了焦虑的一种防御形式，即神经症需要。霍妮曾列举了 10 种神经症需要：对友爱和赞许的需要；对主宰其生活的伴侣的需要（依赖他人的需要）；把自己的生活限制于狭小圈子内的需要；对权力的需要；对利用、剥削他人的需要；对社会承认和声望的需要；对奉承与恭维或对个人崇拜的需要；对个人成就和击败他人的需要；对自主和独立的需要；对完美无瑕的需要。正常人也有上述需要，但是正常人的需要是与环境相适应的，或适可而止的，不像神经症患者那样，一种强烈的需要完全排斥了其他的需要。霍妮把这些需要概括为三种指向性活动，这些活动是个人为了获得安全所使用的行为模型，它们出于不同的需要形成不同的人格。求爱的需要形成依从性的人格，独立的需要形成分离的人格，权利的需要形成攻击性的人格。这三种活动都不是对付焦虑的最适当的现实手段，如果牢固地建立起一种对付焦虑的行为模型就会引起更多的焦虑，导致更严重的神经症。

霍妮的焦虑理论强调了一个基本原则，即安全的需要，她认为对不安全的恐惧导致了焦虑。一个人生来的主要动机是寻求安全和平安、避免威胁和恐怖。霍妮所强调的社会环境主要是指家庭环境，她认为儿童的基本焦虑来源于家庭中父母对待儿童的态度和行为。所有的孩童都需要有安全的感觉，但是安全感只能通过父母的爱获得。如果父母经常忽视、支配、拒绝或过度纵容他们的孩子，儿童对他们的父母就会产生基本敌意，但儿童经常压抑他们对父母的基本敌意，从而产生基本焦虑（不安全感和恐惧）。基本焦虑产生的后果是，儿童发展各种各样的策略来对付自身的焦虑感。这些策略中有一些可能变成他的人格的强烈特征而成为需要——神经症需要。她认为，家庭环境提供给儿童发展的条件，并养成儿童对社会的反应方式，由此形成人格结构，因此家庭环境和教育对儿童健康人格的形成非常重要。

（二）埃里克森的人格发展八阶段论

埃里克森是美国著名的精神病医师。他认为，人的自我意识发展持续一生。他把自我意识的形成和发展过程划分为八个阶段，认为这八个阶段的顺序是由遗传决定的，但是每一阶段能否顺利度过却是由环境决定的，所以这个理论又称为"心理社会阶段理论"。他认为每个阶段都有一个特定的受文化制约的发展任务，都有一个核心的冲突或矛盾要解决，这些矛盾都包含着积极的和消极的方面，倘若妥善处理这些矛盾，使其向积极方面转化，自我力量就会加强，从而有利于适应环境，顺利转向下一个阶段；如果向消极方面转化，就会发生心理社会危机，削弱自我力量，阻碍个人适应环境，为后一阶段制造麻烦，出现病态和不健全的个性。这八阶段依次是：

- 婴儿期（0—1.5 岁）：基本信任对不信任

此时是基本信任和不信任的心理冲突期，因为这期间孩子开始认识人了，当孩子哭或饿时，父母是否出现则是建立信任感的关键。信任在人格中形成了"希望"这一品质，它起着增强自我力量的作用。具有信任感的儿童敢于希望，富于理想，具有强烈的未来定向。反之则不敢希望，时时担忧自己的需要得不到满足。

- 儿童期（1.5—3岁）：自主性对羞愧和怀疑

这一时期，儿童掌握了大量的技能，如爬、走、说话等。更重要的是，他们学会了怎样坚持或放弃，也就是说儿童开始"有意志"地决定做什么或不做什么。这时候父母与子女的冲突很激烈，一方面父母必须承担起控制儿童行为使之符合社会规范的任务，即养成良好的习惯，如训练儿童大小便、按时吃饭等；另一方面儿童开始有了自主感，他们坚持自己的进食、排泄方式，所以训练良好的习惯不是一件容易的事。这时儿童会反复应用"我""我们""不"来反抗外界控制，倘若父母完全听之任之，将不利于儿童的社会化。反之，若过分严厉，又会伤害儿童自主感和自我控制能力。如果父母对儿童的保护或惩罚不当，儿童就会产生怀疑，并感到羞愧。因此，把握住"度"的问题，才有利于在儿童人格内部形成意志品质。

- 学龄初期（3—5岁）：主动性对内疚

在这一时期，如果儿童表现出的主动探究行为受到鼓励，儿童就会形成主动性，这为他将来成为一个有责任感、有创造力的人奠定了基础。如果成人讥笑幼儿的独创行为和想象力，那么儿童就会逐渐失去自信心，这使他们更倾向于生活在别人为他们安排好的狭窄圈子里，缺乏自己开创幸福生活的主动性。当儿童的主动感超过内疚感时，他们就有了"目的"的品质，这种品质使儿童拥有正视和追求有价值目标的勇气，这种勇气不为儿童想象的失利、内疚感和惩罚的恐惧所限制。

- 学龄期（6—12岁）：勤奋对自卑

这一阶段的儿童都应在学校接受教育，如果他们能顺利地完成学习课程，他们就会获得勤奋感，这使他们在今后的独立生活和承担工作任务的过程中充满信心。反之，就会产生自卑。当儿童的勤奋感大于自卑感时，他们就会获得有"能力"的品质。

- 青春期（12—18岁）：自我同一性对角色混乱

这一时期，一方面青少年本能冲动的高涨会带来问题，另一方面更重要的是青少年面临新的社会要求和社会的冲突而感到困扰和混乱。所以，青春期的主要任务是建立一个新的同一感或自己在别人眼中的形象，以及他在社会集体中所占的情感位置。这种同一性的感觉是一种不断增强的自信心,一种在过去的经历中形成的内在持续性和同一感(一个人心理上的自我)。

这一阶段的危机是角色混乱,角色混乱也称同一性危机。这种状态包含着与同一感相反的内容:内心支离破碎感,自觉人生没有目标,无法获取满意的社会角色或地位所带来的支持。埃里克森把同一性危机理论用于解释青少年对社会不满和犯罪等社会问题上,他认为,如果一个儿童感到他所处的环境剥夺了他在未来发展中获得自我同一性的种种可能性,他就将以令人吃惊的力量抵抗社会环境。在人类社会的丛林中,没有同一性的感觉,就没有自身的存在,所以,他宁做一个坏人,或干脆死人般地活着,也不愿做不伦不类的人,他自由地选择这一切。

随着自我同一性的实现形成了"忠诚"的品质。忠诚的品质是一种不顾价值系统的必然矛盾,而坚持自己确认的同一性的能力。

- 成年早期(18—25岁):亲密对孤独

只有具有牢固的自我同一性的青年人,才敢于冒与他人发生亲密关系的风险。因为与他人发生爱的关系,就是把自己的同一性与他人的同一性融合为一体。这里有自我牺牲或损失,只有这样才能在恋爱中建立真正亲密无间的关系,从而获得亲密感,否则将产生孤独感。

- 成年期(25—65岁):繁殖对停滞

当一个人顺利地度过了自我同一性和成年早期,以后的岁月中将过上幸福充实的生活,他将生儿育女,关心后代的繁殖和养育。他认为,生育感(繁殖感)有生和育两层含义,一个人即使没生孩子,只要能关心孩子、教育指导孩子也可以具有生育感。反之没有生育感的人,则会陷入一种停滞感当中,它表现为一种空虚感和对人生目标的怀疑,他们只考虑自己的需要和利益,不关心他人(包括儿童)的需要和利益。在这一时期,人们不仅要生育孩子,同时要承担社会工作,这是一个人对下一代的关心和创造力最旺盛的时期,人们将获得关心和创造力的品质。

- 老年期:自我整合对失望

大多数人到老年时都能保持原来的状态,但埃里克森认为,老年人还有一种危机要克服。过去的岁月和经历，走向死亡的必然性，使老年人要么达到一种自我整合，要么产生失望感。以满足的心情回忆往事的人，将以一种完善感走完最后的发展阶段。反之，不能形成这种良好整合的人就会落入失望的境地。

在埃里克森看来，人格的发展是自我与社会文化相互作用的产物，各个阶段心理危机的产生和危机的解决都与环境作用密切相关。因此，在人格发展的问题上，不但要重视自我教育的作用，而且还应特别重视学校、家庭和社会对个体的教育作用。教育应根据人在不同年龄阶段的人格发展特点，设置相应的教育任务，引导个体向着对立发展过程中的积极方面发展。

行为主义学派

行为主义是 20 世纪初起源于美国的一个心理学流派，是对西方心理学影响最大的流派之一，也是世界心理学界的一个主要学派，它由美国的心理学家华生创立。代表人物主要有华生、斯金纳和班杜拉等。行为主义认为，心理学不应该只研究意识，还应该研究行为。行为主义心理学在方法上反对主观的推测和解释，而主张用客观的实验的方法进行严格的科学研究。

一、华生行为主义心理学的基本观点

（一）心理学的对象

华生认为，心理学的对象不是意识而是行为。他的行为主义心理学的基本特点是否认传统心理学的对象——心理或意识，而代之以行为。所谓行为，乃是有机体用以适应环境变化的各种身体反应的组合。华生曾把人的反应区分为外观习惯反应（如开门、打球）、内隐习惯反应（如思维）、外观遗传反应（如眨眼、抓握）和内隐遗传反应（如内分泌腺的分泌）。华生把心理或意识归结为内隐而轻微的行为。他指出，即使一向被认为纯属意识的思维和情绪，其实也都是内隐和轻微的身体变化。思维是全身肌肉，特别是喉头肌肉的内在和轻微的反应。而情绪则是身体机构特别是内脏和腺体的变化，是内隐、轻微行为的一种形式。华生自称行为主义是唯一彻底而合乎逻辑的机能主义。按机能主义的哲学依据——实用主义来说，检验意识适应性的唯一标准只能是行为的适应性。既然行为主义是彻底的机能主义，那它就当然可以丢开意识去考察行为，而不能丢开行为去考察意识。

（二）心理学的任务

心理学的任务在于预测和控制行为。华生认为构成行为的基础是个体表现于外的反应，但反应的形成与改变则归因于有机体所受的刺激，反应紧随刺激出现。这便导致了刺激—反应的简化的行为公式。华生在其《行为：比较心理学导论》一书中写道："人和动物的全部行为都可以分析为刺激与反应。"他认为最基本的刺激—反应联结叫作反射，不管多么复杂的行为总不外乎是一套反射而已。华生强调心理学必须符合一般科学共有的预测、控制的基本原则。他认为心理学研究行为的任务就在于查明刺激与反应之间的规律性关系，从而根据刺激预知反应或根据反应推知刺激，以预测和控制动物和人的行为。

（三）心理学的研究方法

华生主张，心理学的研究方法应该是客观的方法而不是内省法。他抛弃传统的内省法而代之以客观的方法的原因，固然是他不相信内省法的精确性，但也是他在心理学对象上否定意识的必然结果。他清楚地说过的客观方法有四种，即应用和不应用仪器控制的观察、条件反射法、言语报告法和测验法。条件反射法是行为主义者最重要的研究方法，他用"刺激替代"的术语来描述条件作用。他说当一种反应同一个并非原来引起它的刺激联结起来时，那么这个反应就成为有条件的（巴甫洛夫实验中的狗听见铃声而不是看见食物就分泌唾液，就是一种条件反应）。华生非常赞赏巴甫洛夫的条件反射法，因为这种方法可使像感觉辨别这样的主观经验转化为反应差异的客观事实。条件反射法使华生掌握了一种完全客观的分析行为的方法。华生强烈地反对内省法，但有人批评他把言语报告法作为客观方法之一，他回应把言语报告法列为客观方法之一，是把言语当作反应来看待的，所以听取别人在接受某种刺激后的言语反应，并不违反行为主义所坚持的客观原则。值得注意的是华生希望严格地把言语报告法的使用限制在能够加以证实的情境中。

（四）环境决定论

华生认为，个体的行为不是先天遗传的，而是后天环境决定的。他认为行为最后都可分析还原为由刺激引起的反应，而刺激不可能来自先天遗传，所以行为当然就不可能来自先天遗传了。他认为人类行为中所有那些似乎像本能行为的方面，实际上都是在社会中形成的条件反应。华生从刺激—反应的公式出发，认为环境和教育是行为发展的唯一条件。他的一句名言充分体现了其教育万能论和环境决定论的理论取向，"给我一打健康的婴儿，并在我自己设定的特殊环境中养育他们，那么我愿意担保，在这些婴儿中，随便拿一个来，都可以把他训练成为我所选定的任何一种专家——医生、律师、艺术家、小偷，而不管他的才能、嗜好、倾向、能力、天资和他祖先的种族。不过，请注意，当我从事这一实验时，我要亲自决定这些孩子的培养方法和环境。"

华生认为人类的行为都是后天习得的，环境决定了一个人的行为模式，无论是正常的行为还是病态的行为都是经过学习而获得的，也可以通过学习而更改、增加或消除；他认为查明了环境刺激与行为反应之间的规律性关系，就能根据刺激预知反应，或根据反应推断刺激，达到预测并控制动物和人的行为的目的。

二、斯金纳操作行为主义的体系

斯金纳是 20 世纪后半叶最著名的美国心理学家之一，是新行为主义中极端行为主义的代表，是操作条件作用学习理论的建构者。

（一）行为的分类

斯金纳把行为分为应答性行为和操作性行为两类。应答性行为是由一种先行刺激所激发的行为，是对刺激物的应答，这种行为比较被动，受刺激物的控制，服从巴甫洛夫的条件反射理论，它可以是无条件反射，也可以是条件反射。这是经典行为主义所注重的研究对象。而操作性行为是有机体自发操作的行为,这种行为是主动的,代表着有机体对环境的主动适应,与行为的结果有特定的关联。斯金纳将那些自发发生而受到强化后经常性重复的行为,称作操作行为。他把操作行为当作心理学研究的对象,构成操作行为主义的理论体系。

(二)操作性条件作用的主要概念

1. 强化

强化是操作性条件作用的核心概念。强化分为积极强化(正强化)和消极强化(负强化)两种。积极强化是指当个体做出一个行为后,给予积极强化物以增加个体做出该行为的频率。而消极强化指的是当个体做出一个行为后,通过减少消极强化物来增加该行为的出现频率。例如,当一只正受到电击(消极强化物)的老鼠偶然碰到一个杠杆时,电击停止,老鼠以后在遇到类似情景时会增加压杠杆的举动。

强化在方式上可以分为连续强化、间歇强化、固定强化和偶然强化。连续强化是指每次期望行为发生后都给予一次积极强化物的方式,而间歇强化是一种偶然地(或间歇地)而不是每一次都对所发生的行为进行强化的方法。固定强化是预先确定目标行为的出现次数,当足额次数的目标行为出现后即给予一次强化。而偶然强化是指强化的时间不确定。其中,使用连续强化来开始一种行为最好;使用间歇强化巩固一种行为最好。

2. 惩罚

惩罚是和强化相反的概念,也分为正惩罚和负惩罚。正惩罚是指,当个体做出一个行为后出现惩罚物,以使个体以后减少做出该行为的频率。例如,当一个孩子打人之后,爸爸打他的屁股,这个孩子的打人行为就会减少。负惩罚则是当个体做出特定行为后,他所渴望的东西就不出现,这也会减少做出该行为的频率。例如工厂规定,迟到三次扣除一个月的奖金。

3. 消退

消退指的是在特定情景下,如果某人做出以前被强化过的反应,而现在这个反应没有得到通常的强化,那么,此人下次遇到类似情境时,就较少可能再做同样的事。要使反应完全消退,需要进行多次消退训练。如果反应在消退期间不时受到偶然强化,则不仅不会出现消退,反而会使该反应更加牢固。因为这种情况已是一种特殊的强化程序了。

(三) 儿童行为的强化控制原理

斯金纳认为,人的行为大部分是操作性的,任何习得行为,都与及时强化有关。因此,我们可以利用"反应—强化"原理来塑造和矫正儿童的行为。

当儿童出现一个正确的行为时,应立即给予强化,当刚开始时,为了较快地形成某一行为,可以使用连续强化,当行为逐渐稳定后,可以慢慢减少强化的次数,最后一直保持间歇性强化,以利于该行为的长期保持。这就是儿童行为的塑造。

在矫正儿童的不良行为时,同样可以运用强化原理。一些儿童为了引起成人的注意,经常会刻意地怪叫、寻衅、攻击甚至自伤,对于这种情况成人只要对不良行为不加以强化,采用"忽视"的态度,儿童得不到所希望的"报酬"(关注),这种不良行为就会逐渐消退。但是,在某些情况下,这种单纯的忽视容易被当成默认,这种默认不仅不会消除不良行为,反而会助长错误发展,酿成严重后果。例如攻击性行为如果没有得到及时的制止就会助长儿童攻击性性格的发展。对于这种不良行为,我们必须及时地严厉制止,然后采用渐进强化时间安排制定矫正行为的程序。因此,在运用强化原理矫正不良行为时,应注意结合实际情况灵活地采用不同的手段和方法。例如在下例中综合使用积极强化和负惩罚来矫正原来的不良行为:对于一个只肯吃肉,不肯吃蔬菜的偏食儿童,我们要用积极强化,当他吃一口蔬菜后,立即给予表扬,并夹给他一块肉;但他坚持不吃蔬菜时,就用负惩罚措施,不给他吃肉。在这两种方式的配合下,儿童偏食的行为就会慢慢得到矫正。

三、班杜拉社会学习理论的主要观点

社会学习理论是由美国心理学家班杜拉提出的社会心理学基础理论。它着眼于观察学习和自我调节在引发人的行为中的作用,重视人的行为和环境的相互作用。班杜拉指出,行为主义的刺激—反应理论无法解释人类的观察学习现象。因为刺激—反应理论不能解释为什么个体会表现出新的行为，以及为什么个体在观察榜样行为后，这种已获得的行为可能在数天、数周甚至数月之后才出现等现象。班杜拉在一系列科学实验的基础上，建立了他的社会学习理论。班杜拉的社会学习理论主要包括以下内容。

（一）社会认知理论

班杜拉认为儿童通过观察他们生活中重要人物的行为而学得社会行为，这些观察以心理表象或其他符号表征的形式储存在大脑中，来帮助他们模仿行为。班杜拉的这一理论接受了行为主义理论家们的大多数原理，但是更加注意线索对行为、对内在心理过程的作用，强调思想对行为和行为对思想的作用。

（二）交互决定论

这一观点强调在社会学习过程中行为、认知和环境三者的交互作用，认为三者是相互影响、彼此联系的。班杜拉认为，行为本身是个体认知与环境相互作用的一种副产品，行为、个体（主要指认知和其他个人的因素）和环境是"你中有我，我中有你"的关系，不能把某一个因素放在比其他因素更重要的位置，尽管在有些情境中，某一个因素可能起支配作用。他把这种观点称为"交互决定论"。

（三）观察学习的过程

班杜拉认为，行为习得有两种不同的过程：一种是通过直接经验获得行为反应模式的过程，班杜拉把这种行为习得过程称为"通过反应的结果所进行的学习"，即我们所说的直接经验的学习；另一种是通过观察示范者的行为而习得行为的过程，班杜拉将它称为"通过示范所进行的学习"，即我们所说的间接经验的学习。班杜拉的社会学习理论所强调的正是这种观察学习或模仿学习。观察学习不要求必须有强化，也不一定产生外显行为。班杜拉把观察学习分为以下四个过程：

1. 注意过程

注意过程是观察学习的起始环节。在注意过程中，示范者行动本身的特征、观察者本人的认知特征以及观察者和示范者之间的关系等诸多因素影响着学习的效果。观察者比较容易观察那些与他们自身相似的或者被认为是优秀的、热门的或有力的榜样。有依赖性的、自身概念低的或焦虑的观察者更容易产生模仿行为。强化的可能性或外在的期望会影响个体决定观察谁、观察什么。

2. 保持过程

在观察学习的保持阶段，示范者虽然不再出现，但他的行为仍给观察者以影响。要使示范行为在记忆中保持，需要把示范行为以符号的形式表象化。通过符号这一媒介，短暂的榜样示范就能够被保持在长时记忆中。

3. 复制过程

复制过程是把记忆中的符号和表象转换成适当的行为，即再现以前所观察到的示范行为。复制从榜样情景中所观察到的行为。

4. 动机过程

任何人都无法复演所学过的所有动作，因此，班杜拉把习得和行为表现相区分，认为行为表现是由动机变量控制的。动机过程包括外部强化、替化强化和自我强化。首先，如果按照榜样行为去行动会导致有价值的结果，而不会导致无奖励或惩罚的后果，人们倾向于表现这一行为，这是一种外部强化。其次，观察到榜样行为的后果，与自己直接体验到的后果是以同样的方式影响观察者的行为表现的，即学习者的行为表现是受替代强化影响的。例如当教师强化一个学生的助人行为时，班上的其他人也将花一定时间互帮互助。最后，人们对自己的行为所产生的评价反应，也会调节他们将表现出哪些习得行为。例如，补习了一年外语的学生为自己设立了一个成绩标准，于是他将根据自己的成绩而对自己行为进行自我奖赏或自我批评。班杜拉特别强调替代强化及自我强化的作用，这无疑是强调学习中的认知性和学习者的主观能动性。

（四）自我调节理论

班杜拉认为自我调节是个人的内在强化过程，是个体通过将自己对行为的计划和预期与行为的现实成果加以对比和评价，来调节自己行为的过程。他认为人的行为不仅要受外在因素的影响，也受通过自我生成的内在因素的调节。自我调节由自我观察、自我判断和自我反应三个过程组成，经过上述三个过程,个体完成内在因素对行为的调节。

(五)自我效能感理论

自我效能感是指个体对自己能否在一定水平上完成某一活动所具有的能力判断、信念或主体自我把握与感受。也就是个体在面临某一任务活动时的胜任感及其自信、自珍、自尊等方面的感受。班杜拉指出,效能预期不只影响活动和场合的选择,也对努力程度产生影响。被知觉到的效能预期是人们遇到应激情况时选择什么活动、花费多大力气、支持多长时间的努力的主要决定者。班杜拉对自我效能感的形成条件及其对行为的影响进行了大量的研究,指出自我效能的形成主要受五种因素的影响,包括行为的成败经验、替代性经验、言语劝说、情绪的唤起以及情境条件。

社会学习理论重视榜样的作用,强调个人对行为的自我调节,主张建立较高的自信心。所有这些思想对于儿童德育都有非常重要的价值,值得我们借鉴和参考。

人本主义学派

人本主义心理学兴起于20世纪五六十年代的美国。以美国著名心理学家马斯洛和罗杰斯为代表,被称为除精神分析和行为主义学派以外,心理学上的"第三势力"。

人本主义心理学的创立主要受到两方面的影响。一方面,不少治疗师如马斯洛、罗杰斯等,在心理研究的过程中都认为精神分析学派过于强调以病态人格为研究对象,而行为主义研究重点仅仅是外显行为,这会使人失掉人性。在对精神分析和行为主义学派的反思和批判中,他们明确提出心理学应探讨健康人格的心理或健康人格,强调正向的心理发展和个人成长的价值,真正建构人化的心理学。另一方面,第二次世界大战后,存在主义哲学思潮盛行。存在主义以人为中心,尊重人的个性和自由,它提出的许多问题,例如人存在的意义、自由意志的作用和人的唯一性等,后来都成为人本主义心理学的理论基础。

人本主义心理学研究的主题是人的本性及其与社会生活的关系,强调人的尊严、价值和意义，反对心理学中出现的人性兽化和机械化的倾向，主张心理学要研究对个人和社会进步富有意义的问题；在方法论上，他们反对以动物实验结果推论人的行为，主张对人格发展进行整体分析和个案研究。人本主义认为人是积极主动的、自我实现和自我指导的，这也是其理论核心所在。

一、马斯洛关于心理健康的理论

作为人本主义心理学代言人的马斯洛对心理健康进行了系统的研究。他认为要充分发挥人的潜能，研究那些人类中的"精英"是非常有必要的。通过对斯宾诺莎、贝多芬、歌德、爱因斯坦、罗斯福等人的个案研究，他发现，尽管这些人来自不同的领域，有着不同的身体相貌和文化背景，但有许多心理特征是相似的。他们的心理都很健康，能力都得到了充分的发挥，按照马斯洛的话就是都达到了自我实现——理想的心理健康状态。他由此归纳出了"自我实现者"的12种心理特征：

- 具有适度的安全感，有自尊心，对自我和自己的成就有价值感。
- 能适度地进行自我批评，从不过分夸耀自己和苛责自己。
- 在日常生活中，具有适度的自我感受性，不为环境所奴役。
- 与现实环境保持良好的适应，能容忍生活中的挫折，无过度幻想。
- 适度地满足个人的需要，无过分的恐惧感和内疚感。
- 有自知之明，了解自己的动机和目的，正确估计自己的能力，对个人违背社会规范、道德标准的欲望不做过分的否认和压抑。
- 能保持人格的完整和谐，个人的价值观符合社会标准，工作能集中注意力。
- 有切合实际的生活目的，做事能从实际出发。
- 具有吸取经验和教训的能力，一般是改变自己以适应环境。
- 在团队中能与他人建立和谐的人际关系，重视团队的需要，接受团队的传统，并能控制为团队所不容的个人欲望和动机。
- 在不违背团队的原则下能保持自己的个性，对事物有个人的见解，有判断是非的能力。

- 富有创造性。

二、需要层次理论中的心理健康教育思想

需要层次理论是马斯洛人本主义心理学中影响最大的理论思想。它认为，个人成长发展的内在力量是动机，而动机是由多种不同性质的需要所组成。各种需要之间有先后顺序和高低层次之分；每一层次需要的满足，将决定个体人格发展的境界或程度。马斯洛认为，人类的需要分为5个层次，由低到高，依次是：

- 生理的需要，这是人类最原始的基本需要，包括饥、渴、性等生理机能的需要。
- 安全的需要，包括自身和财产安全的需要。
- 社交的需要，包括归属的需要和爱的需要。
- 尊重的需要，包括自我尊重和受人尊重。
- 自我实现的需要，人都希望充分发挥自己的潜能，实现个人的理想和抱负。

马斯洛认为，在高层次的需要充分出现之前，低层次的需要必须得到适当的满足，生理、安全、社交以及尊重这些基本需要的满足能够消除紧张，避免疾病、感到安慰，从而有助于个体健康人格的塑造。自我实现需要作为最高等级的需要，属于人的成长需要，成长需要较少依赖于环境和他人的给予，受成长需要支配的人，对环境和他人的依赖相对小得多，满足成长需要主要靠个人努力，在个人成长中逐步实现。如智能和禀赋的发挥、个性的实现和人格的整合等。

三、人本主义的教育思想——培养健全人格的教育观

人本主义教育思想的核心是"以人为本"。人本主义教育思想重视人的价值，强调受教育者的主体地位和尊严，追求人的个性、人性、潜能的充分发展。

（一）目的观

人本主义认为，教育应该帮助学生认识到他们自己是独特的并最终帮

助学生实现其潜能,教育的目的是让学生学会自由和自我实现。所谓自由,罗杰斯认为是自己有勇气做出抉择的品质和对自己是一个显示过程的认识。因此,要为学生个体的发展提供空间,在一定范围内给予学生选择的自由和权利,让学生学会自由,在自由选择中培养责任感,以促成健康人格的形成。

(二) 课程观

人本主义教育思想把课程的重点从教材转向个人。不再过分强调特定学科的知识结构和知识的纯粹性、抽象性,而是将学生的学习和生活联系起来。不再像学科中心课程仅仅把重点放在智力上,而是以"人的能力的全面发展"为目的。在课程内容的选择上,人本主义教育提出课程要适合学习者的兴趣、能力及需要,要与学习者的生活经验和社会状态密切相连。在课程的设置上,人本主义教育极为重视人文学科。在他们看来,人文学科比科学学科更能深刻揭示人的本性,通过这些学科,人更能了解人类的苦难、痛苦、焦虑乃至死亡,从而对其有所准备,人们对自己的认识也就更加全面、深刻、真实。

(三) 师生观

人本主义教育思想对教育过程中的师生关系做了新的审视,提出了全新的师生关系观。他们反对将学生个人组织化,期待学生个人能成为教育的中心。人本主义教育思想认为教师角色应有别于传统教师,他并不重视认知的结果,也不握有所谓"正确答案",他不过是一位愿意帮助学生探索可能答案的人,教师就应如同罗杰斯所描述的那样,他应是一位"促进者",而不是传统教育中学生的"训练者"或"教导者"。

其他学派的相关理论

在儿童心理发展理论中,除了前面介绍的三大学派的相关理论外,主要还有格赛尔(A.Gesell)的成熟势力发展理论、吉布森(E.J.Gibson)的知觉学习理论、皮亚杰(J.Piaget)的认知发展理论、维果茨基(L.Vygotsky)的心理发展理论及习性学的依恋理论等。此外,近年来,一些学者纷纷使用心理弹性理论和家庭自我认同意识理论来解释留守儿童的心理问题,这为留守儿童心理研究开创了崭新的视角。限于篇幅,本节择取依恋理论、心理弹性理论和家庭自我认同意识理论来做一介绍。

一、习性学的依恋理论

英国精神病学家鲍尔毕曾研究过第二次世界大战期间欧洲孤儿的发展情况。在几十年的观察中,他发现,婴幼儿在生命的最初几年,如果没有与相对固定的看护人形成良好的依恋,即使他们有良好的生活、医疗条件,仍有较高的死亡率。其余在孤儿院顺利长大的儿童,也会经常表现出各种各样的情绪障碍和行为问题,比如很难与别人建立亲密持久的人际关系。鲍尔毕相信正是孤儿成长过程中依恋的缺失很大程度上影响了他们的心理健康。因此,鲍尔毕提出了一套生态学的依恋理论,被心理学界普遍接受。

(一)依恋和依恋行为

依恋是指0—3岁的婴幼儿和照料者(一般是母亲)之间形成的一种温暖、亲密而持久的情感关系。儿童对依恋对象会产生一系列表达情感的行为方式,这类表达情感的行为方式就是依恋行为。依恋一旦形成,婴儿会以一系列相互关联的行为系统保持与依恋对象之间的联系,这些行为包括探寻和吮吸、姿势调整、注视和跟随、倾听、微笑、有声信号、哭泣、抓握和依偎等。从人类进化的观点看,儿童的依恋是一种适应性行为,是为了随时得到成人的保护,不致发生意外危险。从社会化的功能来看,儿童在养育者的保护下也容易适应社会环境,不致发生异常。

(二)鲍尔比的依恋发展阶段论

1. 第一阶段(0—3个月):对人无差别反应阶段。这一阶段,婴儿对母亲的反应方式和对其他人的反应方式之间还没有出现明显的分化,还不能把依恋的期望指向特定的人物。

2. 第二阶段(3—6个月):对人有选择反应的阶段。这一期间,婴儿能够识别一些熟悉的人与不熟悉的人之间的差别,对熟悉的人尤其是母亲更加敏感。婴儿的反应主要指向母亲,但对陌生人也表现出友好的态度。

3. 第三阶段（6个月至3岁）：特殊情感联结形成阶段。这一阶段婴儿的反应指向母亲，在寻求与偏爱的对象的亲近和接触上比以前更加积极主动，为了促进亲近和接触，会更加仔细地调节自己的行为以适应成人的行为。

（三）依恋风格

研究依恋心理的著名心理学家安其沃思（M.D.Ainsworth）应用"陌生情境测验"将婴儿区分为4种不同的依恋类型。

1. 安全依恋型。这一类人数最多，约占60%。他们与母亲分离时明显不安（担心、惦记等），母亲回来时主动迎接（热切地扑向母亲、要母亲抱等），与母亲亲热一会儿之后很快平静下来并继续玩耍。一些心理学研究者认为，当母亲可以亲近、能够以响应和适宜的方式满足儿童的需要时，儿童就会成为安全依恋型。

2. 回避型。这一类约占20%。他们总是专注于玩具或周围环境事物，母亲离开时不哭不闹、无动于衷，母亲回来时似乎视而不见甚至回避，与母亲分离或重聚都表现得比较冷漠。

这种依恋风格源于漫不经心的养育风格，儿童的需要经常得不到满足，使得儿童相信对需要的传达不会影响到母亲。

3. 反抗型。这一类约占10%，母亲的离开会使儿童极端沮丧，但当母亲返回时儿童又会表现出矛盾心态：寻求保持与母亲的亲密但会怨恨，并且在母亲开始关注时进行抵抗。这种依恋风格源于母亲这样的养育风格：尽心尽力但自以为是。即，儿童的需要有时被忽视，直到完成其他某些活动，并且有时，更多是通过双亲的需要而非儿童的主动要求，来关注儿童。

还存在第四种类型，即所谓的"紊乱依恋"。"紊乱依恋"不是一种依恋风格，因为它是连贯风格或应对模式的缺乏。回避和反抗风格虽然不是完全有效，但它们仍是应付世界的策略。而紊乱依恋型儿童的人类交往体验行为是无规律的，因而儿童无法形成连贯的交际模式。后三种类型都称为不安全依恋型。相对于不安全依恋儿童，安全依恋的儿童很可能会有更好的发展，有更多的积极情感，有更健康的心理基础。

总之，早年依恋体验是孩子一生学习的基础，孩子从安全型依恋获得的温暖、信任和安全，这为以后的心理健康发展奠定了基础。孩子以此为基础，学习与他人沟通和相处，并学会信任自己所承受的爱。有观点认为，成年人所建立的人际关系反映着他们与母亲的依恋风格。孩子成长的早期环境直接影响到他成年后的感情关系和婚姻关系，决定了他与别人相处的安全感。如果他从小没有形成良好的依恋关系，那么他在日后与他人建立亲密和信赖关系方面就会出现障碍，比如与人的疏离感、亲密焦虑、缺乏信任等。

二、心理弹性理论

心理弹性理论是在对处境不利儿童研究的基础上建立起来的。对心理弹性的研究始于美国，早在20世纪50年代，沃纳及其同事就对夏威夷考艾岛上的200名高危儿童进行了长达32年的纵向研究，结果发现尽管这些儿童在2岁以前经历了诸如母亲围产期、压力、贫困、家庭组织涣散和父母存在严重心理问题等不利因素，仍然有72名儿童发展良好。一些儿童在经历了严重压力与逆境后仍然功能完好，至少没有出现心理疾患和行为问题，这一心理弹性发展现象逐渐为越来越多的研究者认同。

（一）心理弹性

心理弹性，也有人译之为"心理韧性"，它有两个定义要素：其一是个体遭遇了或正遭遇逆境；其二是尽管个体遭遇的逆境给个体发展带来了重要影响，但个体能够成功应对或适应良好。研究者们对科学意义上心理弹性的概念还未取得共识，但总体来说，心理弹性可界定为儿童在面临压力和逆境时，没有被击垮而是很好地应对了这些危险处境的能力。

（二）促进心理弹性形成的关键——保护性因素

研究者发现对心理弹性形成发展起关键作用的是内部和外部的"保护性因素"。保护性因素就是能减轻不利处境对儿童消极影响的因素，它与危险因素是相对的。内部保护性因素包括儿童的天生特质、能力、技能以及自我观念等；外部保护性因素是指周围环境中的因素，包括家庭因素和家庭以外的因素。它们能减少危险环境造成的负面影响，并且增强儿童整体的弹性和应对能力。内部因素与外部因素也可称为个体因素与环境因素。这些内部和外部保护性因素说明心理弹性的形成受到来自于儿童个体以及环境双重因素的影响。

在环境因素中,有三方面是家庭、学校和社区需要提供的关键性的"保护性因素":

1. 教养环境——至少有一个成人很了解这个儿童并且很好地照料他。

2. 正面的期望——比较高的,清楚地表明的期望,而且儿童完成这些期望所需要的帮助存在于他的生活中。

3. 参与——使儿童有责任和机会与其他人有意义地联系。

(三) 弹性儿童的特征

生活中有许多这样的例子:在面对压力和逆境时,有的儿童有很好的应对技能,没有被击垮,甚至超过了顺境下儿童的发展水平;而另一些儿童则没能很好应对。我们可以把前者称为弹性儿童,把后者称为非弹性儿童。沃纳在对儿童的研究中归纳了弹性儿童的4个显著特征:

1. 弹性儿童更加积极地对待问题。他们解决问题的策略使他们能保持一个强大的自我,并且在与生活中的变量发生交互作用时产生积极的变化,这反过来又产生正面的反馈并且提高自尊心和自我效能感。

2. 弹性儿童常常是好性格的,能得到别人积极的关注。他们易于接近并且经常与一个看护者或者重要成人有紧密的联系。他们有幽默感和应对技能,能利用自己的内部资源与所处的情景有效地互动。他们得到的注意提供了积极的反馈并且增强了儿童的自我观念。

3. 有弹性的儿童能够接受和应对生活中的挑战。他们能变不利情境为有利条件,朝一个特殊的目标前进。

4. 弹性儿童对生活有一种控制感。他们相信生活有意义并且能控制自己的生活,这种控制感使这些儿童能维持生活的秩序和结构。

(四) 心理弹性的作用机制

所谓心理弹性的作用机制,就是要揭示保护性因素在弹性过程中的中介作用。具体来讲,就是个体遭遇逆境时,有哪些保护性因素,通过怎样的途径,如何应对危险因素,激发和促进个体的心理弹性,最终使得个体成功地应对逆境,并达到适应良好的发展状态。1990 年,鲁特在对许多经验性资料进行研究归纳后,提出了 4 种心理弹性发展的作用机制:

1. 降低危险因素的影响,包括改变个体对危险因素的认知和避免或减少与危险因素的接触。先让儿童在危险性较低的环境下学习如何成功地应对这些危险因素,这样,当他碰到更大的危险时就可以减少其不利影响。实际上,这是一种补偿或抵消作用。

2. 减少由于(长期的)危险因素而产生的消极连锁反应。例如,由于得到健在父亲或母亲的良好照顾或得到他人的良好照顾,儿童得以幸免于由于父亲或母亲一方的去世带来的消极连锁影响。

3. 保护性因素对儿童弹性发展的影响可以通过自尊心和自我效能的提高来实现。研究发现,有两类经验可以提高儿童的自尊心和自我效能感,它们是与他人建立安全与爱的和谐关系和获得成功解决问题的经验,这样,儿童就有信心解决不利的处境。

4. 为个体获取资源或为个体完成生命中的重要转折期而创造机会,帮助他们产生希望和获取成功的资源。

心理弹性理论启示我们,对于不利处境中的儿童,来自外界的帮助可以为他们指出希望,获得成功应对危险所需的资源。在不幸经历后,外界的支持可减少负性连锁反应,抵消一些不利因素,并提高儿童在以后生活发展中的应对能力。这就要求外界提供尽可能多的支持,弥补他们在不利处境中受到的损失。

三、家庭自我认同意识理论

"自我认同意识"一词最初是心理学家埃里克逊使用的一个心理学术语,后来从个人扩展开来而被进一步应用于各种各样的集体自我认同意识,如企业自我认同意识和国民性等。日本东京大学社会学系教授上野千鹤子则首先使用"家庭自我认同意识"这一术语。上野千鹤子最初使用这一术语,是根据当时日本的单身赴任(早在 20 世纪 60 年代,由于日本产业化经济的飞速发展,工薪阶层工作场所的转移也越来越频繁。由于各个企业的生产规模不断扩大,很多企业开始在全国设置办事和营业机构。伴随这种经济的发展，日本男子单身赴任，导致了日本留守妻子、留守子女的现象）形成的背景，用来描述和解释近代以来由于产业化的发展而导致工作场所与家庭所在地出现分离的现象，由于与中国儿童留守的现象类似，因此，研究日本转型时期家庭变迁的家庭自我认同意识理论，近年来被一些学者用于研究中国的留守儿童问题。

（一）理论内容

上野千鹤子把使家庭成立的意识称作家庭自我认同意识，即指把什么等同于"家庭"的一种界定范围的定义。她指出，构成"家庭"的层面有现实和意识两个方面，现实表现为家庭的实体形式，而意识则是凝聚家庭形式与内容的核心。

上野千鹤子之所以选用"家庭自我认同意识"这一概念，主要有四方面的原因：首先，家庭已失去了实体的自然性而逐渐被看作是多少带有人为因素的组合物；其次，迄今传统上被视为家庭实体的东西与家庭自我认同意识之间出现了偏离；再次，家庭自我认同意识这一概念，可以记述家庭成员的意见分歧；最后，在家庭变动如此激烈的时代，任何关于家庭的先验定义都是不起作用的。

（二）家庭自我认同意识适用于留守儿童研究的原因

一些学者认为，研究日本转型期家庭变迁的家庭自我认同意识理论，之所以适用于研究中国的留守儿童问题，其理由在于以下几个方面：

第一，当代中国的家庭尤其是农村流动人口的家庭已发生巨大的变化，家庭已失去了实体的自然性，而逐渐被看作是多少带有人为因素的组合物。由于人口大规模流动引起的"空巢"、留守、寄养等生活形式也大规模出现，家庭实体的自然性已被人们现实的社会生活冲击得七零八落。

第二，迄今传统上被视为家庭实体的东西与家庭自我认同意识之间出现了偏离。在留守儿童家庭，传统的家庭实体由于父母较长时间的外出而显得支离破碎，但山水之隔不一定阻断家庭自我认同意识的紧密相连。而换一个角度，留守儿童与其所生活的家庭，尽管从实体或形态角度来看，这是一个家庭，但从家庭自我认同意识角度来看则不尽如此。

第三，家庭自我认同理论可以分析和解释家庭成员相互之间的意见分歧。由于较长时间的亲子分离，在留守儿童家庭里，外出的父辈、留守的儿童以及留守儿童所生活的"原生家庭"（假性单亲）、隔代抚育家庭或寄养家庭的其他成员之间，其家庭自我认同意识是纷繁复杂的。

第 4 章

留守儿童的儿童福利与儿童权利

小雪的妈妈在她出生后不久便出去打工，之后小雪的父母又离了婚。小雪的爷爷奶奶起初很用心地培养她，给她选最好的幼儿园和小学，但当小雪升到三四年级的时候，却遇到了爷爷奶奶都无法解决的麻烦——她在学习上开始有不会做的题了。她不敢问老师，也无法请家教，接下来就是学习跟不上，渐渐失去了学习兴趣。或许有人会问，不敢问老师，也不敢和妈妈讲吗？小雪的回答是，妈妈没有文化且在外打工做着最脏最累的工作，自己"不想烦妈妈"。于是小雪勉强读到初一就辍学在家。这个故事在农村听起来一点也不新鲜。许多农村留守儿童的父母为了改善孩子的教育环境来到城市打工，却不知疏于对子女教育带来的损失实际上比获得的财富更大。

在我国一些较落后的农村地区，儿童最基本的发展权利并没有得到很好的保障，尤其是留守儿童的生活处境相当恶劣。本章以联合国《儿童权利公约》为背景资料，阐述了其发展历史，立法背景，儿童权利在公约中的体现，及其基本权利和四大原则；并结合我国国情，简要介绍了我国儿童福利及儿童福利政策的现状；以留守儿童境况的特殊性，论述了留守儿童权利的缺失状况。

联合国《儿童权利公约》

我们生活在一个成人主宰的世界，长期以来儿童权利受到忽视。在很长一段时间内，儿童被视为社会的负担，或被视为应受成人保护的"小动物"而得不到作为一个主体应享有的权利。联合国《儿童权利公约》的签订经过了长期的发展过程。1989年11月20日，第44届联合国大会通过了具有划时代意义的《儿童权利公约》。为了使《儿童权利公约》条例具体化并在各国真正得以实施，1990年9月29日至30日，联合国又召开了专门研究儿童生存、保护和发展的"世界儿童首脑会议"，71位国家首脑和88个国家的政府高级官员出席了这次有史以来规模最大的盛会。这次会议通过并发表了两个文件，即《儿童生存、保护和发展世界宣言》和《执行九十年代儿童生存、保护和发展世界宣言行动计划》。截至2015年10月2日全球已196个国家签署了《儿童权利公约》。各缔约国向本国儿童及国际社会做出庄严的承诺，保证积极采取多种措施，促进全社会关心和重视儿童的基本权利。

一、《儿童权利公约》的发展历史

1923年，《儿童权利宪章》被救助儿童国际联盟所认可。

1924年，第一份《儿童权利宣言》（《日内瓦宣言》）诞生。

1948年，联合国大会通过《世界人权宣言》。

1959年，联合国大会通过《儿童权利宣言》，明确了各国儿童应当享有的各项基本权利。这是第二份《儿童权利宣言》。

1979年，《儿童权利公约》起草工作开始。联合国将这一年定为国际儿童年。

1989年，历时10年，《儿童权利公约》的起草工作终于完成，并于11月20日在第44届联合国大会上获得一致通过。

1990年，1月26日《儿童权利公约》向所有国家开放供签署，当天就有61个国家签署了该公约。《儿童权利公约》在获得20个国家批准加入之后，于当年9月2日正式生效。

第 4 章 留守儿童的儿童福利与儿童权利

1990 年 9 月，在《儿童权利公约》刚刚生效之后，世界儿童问题首脑会议在纽约联合国总部召开，这是历史上第一次专门讨论儿童问题的首脑会议。会议通过了《儿童生存、保护和发展世界宣言》（下简称《宣言》）和《执行九十年代儿童生存、保护和发展世界宣言行动计划》（下简称《行动计划》）。《宣言》和《行动计划》是国际社会对保护儿童权利所做的政治承诺和具体方案。

1990 年 8 月 29 日，中国常驻联合国大使代表中华人民共和国政府签署了《儿童权利公约》，中国成为第 105 个签约国。

1991 年 12 月 29 日，第七届全国人民代表大会常务委员会第二十三次会议决定批准中国加入《儿童权利公约》，同时声明：中华人民共和国将在符合其宪法第二十五条关于计划生育的规定的前提下，并根据《中华人民共和国未成年人保护法》第二条的规定，履行《儿童权利公约》第六条所规定的义务。

1992 年 3 月 2 日，中国常驻联合国代表向联合国递交了中国的批准书，从而使中国成为该公约的第 110 个批准国。该公约于 1992 年 4 月 2 日对中国生效。

截至 2019 年，全世界已有 196 个国家批准加入《儿童权利公约》，全世界 96% 的儿童生活在缔约国中，世界上尚未加入该公约的国家只有美国。《儿童权利公约》是联合国历史上加入国家最多的国际公约。

二、《儿童权利公约》的立法背景

据估计，全球每年有 1200 万的 5 岁以下儿童死亡，而造成死亡的大部分原因其实都是可以避免的；在发展中国家，有 1.3 亿的儿童未上小学，而在这些儿童中主要都是女孩；有 1.4 亿的儿童没有安全的饮水，2.7 亿的儿童缺乏适当的环境衍生；有些政府正进行加重少年判决的惩戒制度，甚至有些儿童被警察殴打及任意拘留，并且在毫无人道的情况下强迫儿童和其他大人拘禁在一起；在孤儿院和其他机构有许多被遗弃的、处于悲惨状态下的儿童，他们没法获得良好的教育及适当的保健。他们通常也都遭受过肉体上的摧残；据估计有 2.5 亿的儿童从事某种形态的劳务，但政府能谨慎注意到儿童的需求进而采取行动去制止对儿童的剥削的例子却是非常少的；全球持续的军事冲突，不断在缩减及破坏几百万儿童的生命。在战场上，许多的儿童被杀或变成残疾人，也有许多儿童被强迫杀害别人。这些事件每天都在发生，并且有着愈演愈烈的趋势。逐渐严重的问题如：艾滋病在非洲已造成近百万儿童变成孤儿，并让他们饱受歧视、羞辱和掠夺，每天至少有超过千万人受此折磨——威害一些国家、社会利益、家庭的幸福。所以各国政府在推动儿童人权的保障上必要信守承诺、切实履行。

儿童的幸福和权利一直是联合国关心的问题，并被郑重地提出并加以解决。1946年12月11日，联合国设立了联合国儿童基金会。随后，在1948年，联合国大会通过了《世界人权宣言》，它承认儿童必须受到特殊的照顾和协助。

《世界人权宣言》发布以后的近半个世纪，联合国在一般性的国际条约（如《国际人权公约》）和专门针对儿童权利的文件中，都始终强调保护儿童的权利。如，1959年11月20日的《儿童权利宣言》，1974年联合国大会通过的《在非常状态和武装冲突中保护妇女和儿童宣言》，1985年联合国大会通过的《联合国少年司法最低限度规则》，等等。

最早的《儿童权利宣言》称，儿童因身心尚未成熟，在其出生以前和以后均需要特殊的保护和照料，包括法律上的适当保护。该宣言确立了10项原则，涉及儿童的不被歧视、最大利益、特别照料、免费初级教育、不受虐待剥削和被买卖等各方面的基本权利，旨在使儿童有幸福的童年，为其自身的和社会的利益而享有宣言中所说明的各项权利和自由，号召所有父母和一切男女个人以及各级组织、地方当局和各国政府认可这些权利，并根据宣言确立的原则逐步采取立法和其他措施力求这些权利得以实现。宣言虽然较有影响，但毕竟不具法律约束力。随着人权法的发展，许多国家呼吁制定一项全面规定儿童权利、具有广泛适用意义并具有监督机制的专门法律文书，促使国际社会在保护儿童权利问题方面能够普遍承担义务。在1978年联合国人权委员会会议上，波兰的亚当·罗帕萨教授（后为公约起草工作组主席）倡议起草儿童权利公约。波兰向联合国大会提交了一份关于儿童权利的公约草案。1979 年,联合国人权委员会开始起草儿童权利公约的工作。1979 年至 1989 年的 10 年间,人权委员会详尽研究了公约草案,并于 1989 年如期完成了公约的拟定工作,最后由经济及社会理事会提交联合国大会。1989 年 11 月 20 日,联合国大会通过了本公约,1990 年 9 月 2 日生效。它是迄今最为全面的关于保护儿童的公约。截至目前,缔约国为 196 个。而我国从 1980 年起参与起草工作,我国代表根据我国实际情况和法律条文,提出了数项议案,多数得到了采纳。

三、《儿童权利公约》的主要内容

《儿童权利公约》由一个序言,三个部分组成,共 54 条,目的在于对儿童的特殊权利给以最大限度的保护,以维护儿童的最大利益,同时确保不断地改善全世界儿童的状况以及促进儿童在和平与安全条件下发展与接受教育。

《儿童权利公约》前四十一条主要强调,每一位 18 岁以下的儿童的人权必须被重视和保护,而且这些权利必须依据公约的指导原则去实践。

《儿童权利公约》的四十二至四十五条,涵括政府的义务,如推广公约的原则、公约的实行、透过政府监督进展儿童权利的过程以使大众都能了解、以及公告政府各机关之职责。

最后的四十六至五十四条主要涵括了经由政府签署及批准之过程和指定联合国秘书长为该公约的保管人。

《儿童权利公约》重申《联合国宪章》及其他关于人权的国际公约和宣言中已确立的一些基本原则,如不歧视,儿童的最大利益,生命、存活和发展权,儿童的意见等。尤其是儿童应当受到特别照顾和协助的主导思想,综合了有关儿童的其他国际法文件中的内容。

《儿童权利公约》将"儿童"界定为"18 岁以下的任何人"(第一条)。公约强调,各国应确保其管辖范围内的每一个儿童均享受公约所载的权利,不因儿童或其父母或法定监护人的种族、肤色、性别、语言、宗教、政治或其他见解、民族、族裔或社会出生、财产、伤残、出生或其他身份而有任何差别(第二条)。缔约国应采取一切适当的立法、行政和其他措施以实现本公约所确认的权利（第四条）。

《儿童权利公约》第一部分详细列举了儿童的广泛权利。

（一）民事权利

1.每个儿童均有固有的生命权，缔约国应最大限度地确保儿童的存活与发展（第六条）。2.每个儿童都有自出生起获得姓名和国籍的权利，以及尽可能知道谁是其父母并受其父母照料的权利（第七条）。3.尊重儿童维护其身份，包括法律所承认的国籍、姓名及家庭关系而不受非法干扰的权利（第八条）。4.应当确保不违背儿童父母的意愿使儿童与父母分离，除非主管当局按照适用的法律和程序，经法院审查，判定这样的分离符合儿童的最大利益而确有必要（第九条）。5.缔约国应为便利家庭团聚准许入境或出境（第十条）。6.缔约国应采取措施制止非法将儿童转移到国外和不使返回本国的行为（第十一条）。7.儿童的隐私、家庭、住宅或通信不受任意或非法干涉，其荣誉和名誉不受非法攻击（第十六条）。

（二）政治权利

1.确保有主见能力的儿童有权对影响到其本人的一切事项自由发表自己的意见，对儿童的意见应按照其年龄和成熟程度给予适当的看待（第十二条）。2.儿童享有自由发表言论的权利；思想、信仰和宗教自由的权利；结社自由及和平集会自由（第十三至十五条）。

（三）教育、文化权利

1.父母或视具体情况而定的法定监护人对儿童养育和发展负有首要责任，但缔约国应向他们提供适当协助并应确保发展育儿机构、设施和服务（第十八条）。2.儿童有权享有可达到的最高标准的健康；每个儿童均有权享有足以促进其生理、心理、精神、道德和社会发展的生活水平；儿童有受教育的权利；学校执行纪律的方式应符合儿童的人格尊严；教育儿童的目的应是最充分地发展儿童的个性、才智和身心能力；培养对人权和基本自由以及《联合国宪章》所载各项原则的尊重（第二十四、二十七至二十九条）。3.宗教、语言等方面属于少数人或原为土著居民的儿童有享有自己的文化、信奉自己的宗教和适用自己语言的权利（第三十条）。4.儿童有权享有休息和闲暇，自由参加文化生活和艺术活动（第三十一条）。

(四) 特别受保护权

1. 缔约国应保护儿童免受身心摧残、伤害或凌辱，忽视或照顾不周、虐待或剥削，包括性侵犯（第十九条）。2. 暂时或永久脱离家庭环境的儿童，应有权得到国家的特别保护和协助；确保得到跨国收养的儿童享有与本国收养相当的保障和标准（第二十、二十一条）。3. 确保申请难民身份的儿童或按照适用的国际法或国内法及程序可视为难民的儿童，不论有无父母或其他人的陪同，均可得到适当的保护和人道主义援助（第二十二条）。4. 残疾儿童应享有得到特别照顾、教育、培训、保健、康复、就业和娱乐的权利（第二十三条）。5. 各国应保护儿童免受经济剥削和从事任何可能妨碍或影响儿童教育或有害儿童健康或身体、心理、精神、道德或社会发展的工作（第三十二条）。6. 缔约国应保护儿童不致非法使用毒品和涉及毒品生产或贩运（第三十三条）。7. 应采取一切适当措施，防止诱拐、买卖或贩运儿童（第三十五条）。8. 对未满18岁人所犯罪行，不应判处死刑或无释放可能的无期徒刑；被监禁的儿童应与成年犯隔开；不得对儿童施以酷刑或残忍、不人道或有辱人格的待遇或处罚；15岁以下儿童不得参与任何敌对行动；遭受武装冲突之害的儿童应受到特别保护；受到虐待、忽视或监禁的儿童应得到适当的医疗或康复和复原疗养；处理触犯刑法儿童的方式应在于促进他的尊严和价值感，目的是使他们重返社会（第三十七至四十条）。

按照《儿童权利公约》的规定，在它生效后六个月联合国成立儿童权利委员会，以审查缔约国在履行根据公约所承担的义务方面取得的进展。缔约国应定期向委员会提交关于它们为实现公约确认的权利所采取的措施以及关于这些权利的享有方面的进展情况的报告。

四、《儿童权利公约》的基本原则和四大权利

(一) 基本原则

1. 儿童优先的原则。儿童是社会的未来，同时又是脆弱的受保护的群体，整个社会应达成共识：儿童优先。

2. 儿童最佳利益原则。凡是涉及儿童的任何事宜都必须以儿童的最佳利益为重，以最有益于儿童的发展为出发点。

3. 尊重儿童尊严的原则。儿童拥有高贵的独立的人格，必须尊重儿童的人格尊严。凡是涉及儿童生存与发展的问题都要以认识儿童、了解儿童、尊重儿童、造福儿童，而不是伤害儿童为前提。

4. 尊重儿童意见的原则。儿童有权发表自己的看法。任何事情如果涉及儿童本人，必须认真听取儿童的意见，大人不要自作主张，更不要压制儿童的观点。

5. 保障儿童参与权的原则。儿童是活动者，是通过活动以及对活动结果的反思来学习，从而发展自身的。同时，儿童又是社会的一员，是积极主动参与社会生活的主体。保障儿童社会性参与的权利是儿童健康成长的基础。

6. 无歧视原则。不管儿童来自何种社会文化背景，不论出身高低贵贱，也不论是城市的儿童还是乡村的儿童，男童女童，正常儿童还是残疾儿童，都应得到平等的对待，而不应受到任何的歧视或忽视。

（二）四大权利

1. 不歧视（无差别原则/无歧视原则/非歧视性原则）（第二条）

——每一个儿童都平等地享有公约所规定的全部权利，儿童不应因其本人及其父母的种族、肤色、性别、语言、宗教、政治观点、民族、财产状况和身体状况等受到任何歧视。

2. 儿童的最大利益（第三条）

——涉及儿童的一切行为，必须首先考虑儿童的最大利益。

3. 确保儿童的生命权、生存权和发展权的完整（第六条）

——所有儿童都享有生存和发展的权利（两者完整兼具），应最大限度地确保儿童的生存和发展。

4. 尊重儿童的意见（第十二条）

——任何事情涉及儿童，均应听取儿童的意见。

所有儿童，无论他们出生在哪里，属于哪个种族或民族，无论是男孩还是女孩，富有还是贫穷，都必须得到充分的机会，成为社会有用的成员,并且必须享有发言权,他们的声音也必须获得倾听。

五、联合国其他相关法规

除《儿童权利公约》外,联合国大会还颁布了一系列相关法规作为补充,及其他法规也涉及儿童权利的维护,旨在更加全面及详尽地维护儿童权利。

1.《〈儿童权利公约〉关于儿童卷入武装冲突问题的任择议定书》

2.《〈儿童权利公约〉关于买卖儿童、儿童卖淫和儿童色情制品问题的任择议定书》

3.《世界人权宣言》

4.《公民权利和政治权利国际公约》

5.《经济、社会与文化权利国际公约》

6.《联合国宪章》

7.《儿童权利宣言》

8.《关于儿童保护和儿童福利、特别是国内和国际寄养和收养办法的社会和法律原则宣言》(联合国大会1986年12月3日第41/85号决议通过)

9.《联合国少年司法最低限度标准规则》(北京规则)

10.《在非常状态和武装冲突中保护妇女和儿童宣言》

我国相关的儿童福利政策

儿童福利作为社会福利的一部分,一直以来都受世界各国政府的关注。据第六次人口普查显示,我国0—14岁的人口两亿两千多万人,占全部人口的16.6%。儿童不仅是社会弱势群体,同时也是未来的希望,是中国命运的所在。重视儿童就是在重视整个国家,他们的发展关系着整个国家的发展。因此,儿童福利的保障具有重大意义,只有制定出和社会相适应的儿童福利政策才能保证儿童的权利。儿童福利政策不仅将儿童福利的要求具体化,并规范儿童福利工作的执行。相较于西方发达国家,我国儿童福利政策起步晚、发展慢,直到改革开放以后"儿童福利"这一概念才在国内出现,而国内社会环境日新月异的变化,使得儿童福利政策更加显现出它的滞后性,表现出种种不足。但其他相关福利政策也在一定程度上给予儿童权利相应的保障。

一、儿童福利及儿童福利政策

(一) 儿童福利

1959年,联合国《儿童权利宣言》规定,儿童福利是指"所有以促进儿童身心健康发展与正常生活为目的的各种努力及事业"。美国儿童福利联盟指出:"儿童福利是社会福利中以儿童为对象,提供在家庭中或社会其他机构所无法满足的一种服务。"《美国社会工作年鉴》认为:"儿童福利旨在谋求儿童愉快生活、健全发展,并有效地发掘其潜能,它包括了对儿童提供直接福利服务,以及促进儿童健全有关的家庭和社区的福利服务。"

我国学者主要将儿童福利分为狭义和广义的两种。狭义的儿童福利指,政府和社会为有特殊需求的儿童及其家庭提供的各种救助,支持、保护和补偿性服务。服务对象主要是处于不利境地的儿童,如孤儿、流浪儿、残疾儿童、被遗弃的儿童、有行为偏差或情绪困扰的儿童等等。服务的功能倾向于救助、矫治、扶助等恢复性功能,此类儿童福利的服务对象不包括在家庭中那些需要被充分满足的儿童。由此可见,这类儿童福利属于扶持性的福利,是一种消极的儿童福利。目前我国学者主要认可广义的儿童福利,是一种积极的儿童福利。广义的儿童福利是指政府或社会针对全体儿童的普遍需求,为促进儿童生活、心理及社会潜能的最佳发展而提供各种服务。这些服务或设施体现了政府和社会对儿童的成长、发展及其生活质量的关爱和重视。它的对象是所有的家庭和儿童,它是以预防和发展为取向的儿童福利,能够使全体儿童都受益。

(二) 儿童福利政策

儿童福利政策是一套谋求儿童幸福的方针或行动准则,其目的在于促进所有儿童的身心社会福利,它的内涵包括儿童需求的满足、儿童权利的保障及儿童保护工作三个层面。儿童福利政策包含 3 个要素：一，儿童福利政策的主体是国家，它体现的是国家意志，具有法定的权威性；二，儿童福利政策的目的是保护儿童，保证儿童利益优先；三，儿童福利政策是国家用法规、法则、办法、条例等方式对社会的儿童福利行为的约束，任何组织和个人都必须遵守。从宏观领域上来看，儿童福利的活动和政策立法，包括医疗政策、教育政策及未成年人保护立法等；从微观领域看，尤其是从儿童社会工作专业服务的角度来看，则指涉及儿童生存环境状况的、地区性的、针对儿童问题及需要而提出的有利于儿童成长与发展的政策保障。

二、我国儿童福利政策

我国儿童福利政策主要由三大部分组成：一是全国人民代表大会及其常务委员会通过的有关法律；二是国务院和国务院各职能部门制订、实施的各类行政法规和部门规章；三是地方人大与地方政府职能部门制订、实施的各类地方法规和部门规章。

1. 中国儿童福利政策框架的第一个重要组成部分是由全国人民代表大会及其常务委员会立法的法律法规。其主要由宪法、一般性法律、与儿童福利和儿童保护相关的法律和国家直接关于儿童福利与儿童保护的法律法规等四类组成。它们共同构成儿童福利和儿童保护的法律体系。但就目前而言，中国儿童福利与社会保护缺乏"儿童福利法"这样的专门法律，以司法保护、家庭保护、学校保护、政府保护、社会保护为主体，儿童福利政策框架尚未完全搭建起来。其次，儿童福利与儿童保护法律主要集中在司法保护、义务教育与职业教育、婚姻家庭与财产继承、预防未成年人犯罪等领域，有关儿童生存发展与生活福利的法律相对较少。总体来说，儿童福利和儿童保护法律的司法化色彩浓厚。

2. 中国儿童福利政策框架的第二个重要组成部分是由国务院及其职能部门制订、实施的行政法规和其他政策。其目标都是更加具体的社会问题，因此更注重政策操作化实施；针对的主要是那些深刻影响公共利益、公共安全和公共福利的典型的公共政策议题；并且法规内容与实施方法更加服务化，凸显政府的社会责任与角色。在某种意义上，这些国务院制定和颁布的行政法规，既为那些尚未立法的领域提供权威政策框架与指导意见，又为国务院各职能部门贯彻落实国家法律和国务院行政法规指明方向。它们地位独特，发挥着承上启下的重要作用，凸现出中国政府政策框架的基本特色。

3. 中国儿童福利政策框架的第三个重要组成部分是地方政府的制度创新。由于地区发展不平衡，全国各地面临的主要问题不一样，而且地方政府处在解决问题的一线，所以地方政府自然而然走在全国的前面，创造地方经验，然后创新上升为国家政策。例如，20世纪90年代已经出现艾滋病病人死亡现象，艾滋病儿童的照顾与保护问题应运而生，河南省政府与民政厅敢于正视社会现实问题，积极开发艾滋病儿童的照顾与保护政策，成功创造世界知名的艾滋病儿童的社会照顾与社会保护"河南模式"。

总体来说，改革开放以来，中国政府已经签署和承诺履行的儿童福利和儿童权利保护政策日益增多，范围不断扩大，基本覆盖儿童福利服务的所有领域。需要强调的是，中国儿童福利政策框架并不是固定不变的，而是处于不断发展完善的过程中。全球化处境、社会结构与家庭结构转型，政治、经济、社会管理体制改革与政府职能转变，尤其是儿童群体和儿童需要的变化，是儿童福利政策不断发展变化的动力源泉。如何及时回应困境儿童的基本需要，有效解决他们生存发展面临的主要问题，将是衡量儿童福利政策质量的基本角度。

留守儿童应该享有的权利

一、留守儿童

留守儿童主要指农村留守儿童，有关农村留守儿童的界定有很多。有的学者认为，农村留守儿童是指由于父母双方或者一方外出打工而被留在农村老家，并且需要其他亲人或委托人照顾的处于义务教育阶段的儿童（6—16岁）。有的学者认为，农村留守儿童是指父母双方或一方从农村流动到其他地区，孩子留在户籍所在地农村地区，并因此不能和父母双方共同生活在一起的儿童。还有学者认为，参考联合国《儿童权利公约》和我国《未成年人保护法》的相关规定，应将农村留守儿童界定为，未满18周岁，父母双方或一方外出到城市打工半年以上，被留在户籍所在地而不能随父母双方共同生活的孩子。以上三种界定，都突出了孩子不能随父母一起生活，在生活和教育上不能得到相应权利的特点。综合考虑，第三种界定更有利于保护留守儿童的合法权利。

二、我国法律对留守儿童权利的保护

我国目前有一系列有关儿童生存、保护和发展的法律和相应的法规和政策措施，形成了较为完备的保护儿童权利的法律法规体系。我国宪法、刑法、民法通则、婚姻法、教育法、义务教育法、未成年人保护法、预防未成年人犯罪法、母婴保健法和收养法等有关法律中均有对儿童合法权益进行保护的规定。但是并没有法律法规专门对留守儿童实施有效的保护，与未成年人有关的法律法规对留守儿童的保护缺乏针对性。留守儿童的生存、教育发展、受保护等权利都受到了直接影响。

三、留守儿童权利缺失

（一）监护权

《中华人民共和国民法通则》第十六条规定："未成年人的父母是未成年人的监护人。未成年人的父母已经死亡或者没有监护能力的，由下列人员中有监护能力的人担任监护人，祖父母、外祖父母；兄、姐；关系密切的其他亲属、朋友愿意承担监护责任，经未成年人的父、母所在单位或者未成年人住所地的居民委员会、村民委员会同意的。对担任监护人有争议的，由未成年人的父、母所在单位或者未成年人住所地的居民委员会、村民委员会在近亲属中指定。对指定不服提起诉讼的，由人民法院裁决。"另外第十八条规定："监护人应当履行监护职责，保护被监护人的人身、财产及其他合法权益。"从而从法律上确立了未成年人的监护权。

留守儿童的父母长期在外打工，他们主要由其祖父母、外祖父母或其他亲戚朋友作为临时监护人，由他们照管孩子的一切；还存在独立生活无人监护的孩子。

（二）受教育权和发展权

《中华人民共和国宪法》第四十六条规定："中华人民共和国公民有受教育的权利和义务。国家培养青年、少年、儿童在品德、智力、体质等方面全面发展。"宪法中明确规定了儿童的受教育权与发展权。然而对于留守儿童，这两项基本权利很难在现实生活中实现。

1. 受教育权。父母不在身边，委托监护人的文化程度高低不同，代沟、溺爱等频频发生，不能对孩子进行有效的关爱与教育，而学校对留守儿童也缺少额外的关注。留守儿童大多"自由发展"，失去学习兴趣，也没有相应的自控能力。此外，因父母长期外出务工，留守儿童容易产生"学习不如工作""学习无用"等观念，致使其对知识更无兴趣，早早辍学，开始工作。

2. 发展权。长期的单亲监护或隔代监护，甚至是他人监护、无人监护，使留守儿童无法像其他孩子那样得到父母的爱，家长也不能随时了解和把握孩子的状况。导致孩子无论是在生理上还是心理上都出现了相应的问题；尤其是心理问题最为严重。留守儿童常常出现孤僻、抑郁等心理问题。而这些心理问题，直接影响到孩子的行为，使他们不论是在家里，还是在学校、社会都经常出现一些与其他孩子不一样的行为，这些行为常常超越道德、法律底线。此外，留守儿童缺少父母的关怀与陪伴，与父母较少的情感交流使他们普遍感受到了内心的孤独与失落，同时，很多儿童小小年纪便开始有了心理负担，牵挂自己的父母，担心家庭生活，羡慕完整的家庭生活环境中的孩子。

（三）生存权

国务院新闻办公室发布的《中国的人权状况》中指出："中国公民所享有的人权范围是广泛的，不仅包括生存权、人身权和政治权利，而且包括经济、文化、社会等各方面的权利。没有生存权，其他一切人权均无从谈起。"生存权是最基本的人权，但很多农村留守儿童都不具备最基本的生存权。主要表现在：1. 生活质量差。留守儿童在饮食方面，基本只能做到吃饱，并没有满足营养需求。这对于正处在长身体、需要营养搭配时期的儿童是远远不够的。此外,他们的基本生活也得不到保障。32%的留守儿童双休日的生活水平与在寄宿制学校差不多;人均每周,包括乘车的花费是6.28元。吃穿住行是人最基本的需求,然而很多留守儿童基本生活都无法得到满足。2.家务劳动繁重。农村留守儿童的父母外出打工,家中常常只留下年迈的老人支撑着整个家庭。农活、家务活一点都没有少,留守儿童在很小的时候就开始承担各种家务及农活。据统计,在农村有80%的留守儿童在双休日要做家务劳动,52%的留守儿童要在双休日做饭,90%的留守儿童自己洗衣服。孩子过早地承担过多的家务劳动,使得他们是否能在这样一种境况下健康成长成了一个巨大的问题。3.卫生状况差。农村的卫生保健工作向来是我国卫生事业的难点,人口的流动更进一步加大了农村卫生保健的难度。据调查,农村儿童传染病、地方病发病率极高,免疫接种率低,缺乏卫生保健知识,防御意识薄弱,很多儿童在生病时也通常没有能力和条件去医院救治,只能采取一些简单的、传统的方法治疗,或者干脆硬"扛"过去。4.人身安全没有保障。农村留守儿童缺少父母的呵护和保护,也缺乏家庭、学校和社区的有效保护,人身安全无保障,经常成为被侵害的对象,使犯罪分子有机可乘,导致留守儿童伤人或被伤害事件时有发生。

(四) 受保护权

《中华人民共和国未成年人保护法》第三条确立了未成年人享有受保护权,规定"国家根据未成年人身心发展特点给予特殊、优先保护,保障未成年人合法权益不受侵犯。"

父母外出打工,留守儿童享受不到父母的关爱;监护人和孩子间的代沟,留守儿童得不到相应的保护;学校对留守儿童情况的漠视,留守儿童得不到老师的关怀;社会对留守儿童的认知不足,使其缺少社会的关注,处境得不到改善。上述问题涉及留守儿童的生存权、发展权、受教育权等权利的削弱与剥夺。我们应当尽快采取措施,弥补留守儿童权利的丧失,改善他们的生活状况,使他们能在法律的保护下健康、茁壮地成长。

我国儿童福利现状

一、缺少儿童福利的基本法和儿童福利机构

在现实情况中,有关残疾人、老人、妇女和低收入者这四类弱势群体的社会福利保障都有相关的专项立法。然而儿童作为典型的社会弱势群体,是社会福利和社会救助的重点关注对象,我国目前却没有一部专门针对儿童福利的法案,很多法案只关注到儿童福利的某一个部分。虽然对儿童的抚养、教育、医疗都有相关政策的保护,也基本维护了儿童的生存权、发展权、被保护权和参与权等基本权利,但这些政策分散,没有系统的规范,原则性和一般性的法规较多,它是否和实际相符,是否有很强的操作性,在现实中,儿童的权利受到侵害时的处理,不少法律条文都有所涉及,但究竟由哪个部门来处理,根据是什么,处理到什么程度才算合适,往往没有明确规定可以适用。我国目前还没有以正式的文件形式制定和出台统一的儿童福利政策,缺乏儿童福利方面的基本法。现有的儿童法律属于综合性法律,用综合性法律去解释儿童福利问题必然会导致责任不明确、内容欠全面、操作不灵活及执行力度小等问题。

张向葵等认为,我国儿童福利政策的条款稀疏分布在党和政府有关文化教育、婚姻家庭以及未成年人保护和违法犯罪等方面的法律、法规、条例、文件、通知中,还没有形成系统的儿童福利政策法律法规体系;内容主要针对儿童的一些基本权利的保障,还没有像国外的儿童福利政策那样涉及儿童生活发展的各个层面、各个领域。

杨生勇等认为,我国社会福利的转型,是由补缺型转向普惠型,需要全面规范各类型的福利政策。而有关儿童福利方面,需要通过一部儿童专门的综合性法律,如《儿童福利法》,全面规范儿童福利的各项内容,包括确保儿童基本生存和健康发展的各个方面。

陆士祯等认为,儿童福利法律体系的建立不仅反映了一个国家福利水平的成熟程度,也标志着一个国家的社会进步和发展的总体水平,就我国儿童福利而言,需要通过一部总法,明确儿童社会福利的基本思想和准则,并通过一些具体法,规范儿童福利法执行细则。

二、儿童福利政策执行机构复杂,资源重复浪费

黎昌珍认为,国务院儿童少年工作协调委员会、民政、财政、发展改革、卫生、教育、劳动保障、司法、建设等政府行政管理部门,以及共青团、妇联、残联等群众团体各自出台了有关的儿童福利政策。一方面,他们有各自的儿童福利政策目标,缺乏统一性和集中性。出台的政策条款有重复性,执行政策缺乏协调和统一的管理,容易出现重复和混乱的局面。另一方面,国家对某些部门,如妇联、残联等群众团体并没有给出清晰明确的责任和义务,所以一旦出现执行上的问题,无法落实和追究责任。

其次,刘继同指出,中国法律框架与法律体系、政策框架与政策体系、立法层次与适用范围、政府行政管理的层次与结构过多、过繁、过多交叉和相互重叠,尤其是法律法规、行政类型繁多,不利于法律政策的贯彻实施,不利于国家意志的充分体现,不利于政府及时回应儿童的需要。仇雨林等指出,我国已经出现个别部门在儿童福利政策执行中通过垄断儿童福利资源供给来追求部门利益的行为,应当引起相关部门的重视。这种情况的发生和没有系统的儿童福利政策法律法规体系,没有一个专门为儿童福利而设的政府机构有着极大的关系。此外,我国应该重视儿童福利政策的整体规划和政策的稳定性,一个政策对儿童福利工作的发展具有重要的规划和指导作用。

以英国为例,英国中央政府有三个部门负责特殊需要儿童的康复服务:国家医疗保健服务系统、国家社会服务系统、国家教育服务系统。三个机构分工明确,每个机构独立履行自己的职责。英国的儿童福利政策的执行,以政府为主导、部门协作、社会参与,建立了多层次、立体式、全方位的儿童福利服务网络。而美国的各项福利政策都出自明确的法律规范。美国儿童福利服务严格按照法律所规定的内容来工作,也就是要立法先行。这样做,一方面法律通过的过程就是社会各个利益集团博弈的过程;另一方面能够保证相关政策的实施,避免儿童服务和私人权利发生冲突;最后,这样做能够保证充足的资金,因为法律的批准必须通过国会。

英美两国儿童福利政策的制定和执行都有严格的程序和规范的分工，他们有一套适应本国社会发展的系统的儿童福利体系。由于社会发展水平的制约，我国目前距离这个目标还较远。

三、儿童福利政策服务群体范围小

儿童福利政策属于社会福利政策的一部分，显然社会福利政策的功能是满足社会需求和解决社会问题。而任何社会问题总是发生在一定的社会经济背景下，具有鲜明的历史和文化内涵。社会福利政策与国家的经济、政治和社会发展状况相联系，同时国际大环境对于我国的社会福利政策的改革也有着重要的影响。

新中国成立初期由于福利概念等同于资本主义和资本主义国家，等同于资产阶级情调，福利概念基本销声匿迹，决策者和公众极少思考儿童福利概念和福利服务体系建设等议题，如儿童的福利基础性地位、儿童福利的政治意义和儿童发展对国家的意义。改革开放之前的30年间，中国儿童福利政策主导性模式是道德化福利。所谓道德化福利是指所有儿童工作与活动均以共产主义价值观养成、社会主义思想道德教育、好孩子社会伦理教育和行为规范训导为基本内容与最高政策目标的社会教育、福利服务体系；道德化政策模式的社会价值基础是，儿童是社会的主人，代表着祖国的未来和民族的希望。

改革开放以后，中国进入社会结构转型时期，随之而来的社会环境、家庭环境也发生了相应的变化。大量的"问题儿童""困境儿童""边缘儿童"产生，且类型越来越多，规模越来越大，直接影响了我国的儿童发展保障。中国儿童福利制度的发展与国内的社会经济发展状况不相适应，造成了速度缓慢、发展状况令人担忧的现状。目前，流浪儿童、孤残儿童、贫困儿童、留守儿童、独身子女、离异和破碎家庭儿童、服刑人员子女、艾滋病致孤儿童、患病儿童等问题儿童和困境儿童的类型已经形成，但其中许多"问题儿童"和"儿童问题"尚未纳入政府议程，也尚未引起政治精英、决策者和社会管理者足够重视，尚未引起社会各界人士的广泛关注。

长期以来，少年儿童工作与研究主要侧重某些特殊群体，在少年儿童福利与社会保护中，主要局限于孤儿、弃婴、残疾儿童、农村儿童、贫困家庭儿童等儿童群体中的困境儿童和失依儿童，因为这些儿童是最易受伤害的群体。政府、社会为这些儿童提供优质机构照顾与保护服务，努力满足其基本生活和发展需要。但事实上绝大多数正常儿童并没有受到国家儿童福利的保护。理论上说，所有的儿童都应当受到儿童福利制度的服务，实际情况却并非如此，绝大多数正常儿童无法享受国家福利，甚至许多困境儿童尚未被纳入国家儿童保护网，国家尚未完全承担照顾保护所有儿童的基本福利责任，选择性色彩浓厚。这种情况使得我们难以准确了解绝大多数儿童的基本需求，这样一来，制定儿童福利政策就不具有普遍适用性。

从有关儿童福利的政策和法规中也能够看到，除了对孤残儿童、流浪儿童、患病儿童等这些特殊的儿童群体给予了明确的保障外，潜在的"问题儿童"的福利保障鲜少明确指出。所谓的潜在的"问题儿童"主要指独生子女群体，这些孩子表面上看起来健康快乐，但实际上他们面临着许多隐蔽性的问题，尤其是心理方面的问题。这个群体心理问题的最大特征是隐蔽性、潜伏性、长期性。从目前来看，儿童福利政策服务的对象主要是城市社区中数量有限的"问题儿童"和部分困境儿童。儿童福利政策的目标和受益人主要集中于少数的"问题儿童"和部分困境儿童，绝大多数正常儿童享受不到应有的福利保障与服务。同时，儿童福利政策对"问题儿童"的回应比较简单和基础，大多数政策仅仅给出大的框架，没有具体的措施和可操作的方法。

如何扩大儿童福利的范围？刘继同指出，在经济市场化和福利社会化的处境下，中国应采取发展取向的参与型儿童福利模式，即以所有儿童的全面发展为中心，以国家、社会和儿童的广泛社会参与为发展儿童福利基本途径的儿童福利模式。该模式能够扩大儿童福利的范围，最大化地提高全民的素质；能够最大化地满足现代化建设处境下的儿童福利政策目标；在社会福利资源相对缺乏的中国，能有效克服福利资源缺乏的问题；该模式符合中国社会的国情民意，适合经济市场化与福利社会化处境，保障所有少年儿童身心健康全面发展。

四、多自上而下地制定儿童福利政策，有效性低

儿童福利政策的出台和儿童福利法律法规的制定应以儿童研究为基础。儿童问题的研究不能局限于对其自身本质、规律、特性及影响因素的理论探讨，更重要的是儿童研究项目完全以影响政府行为为目标，即促进政府以立法的形式保护与推进儿童事业的发展。

目前，我国儿童福利政策的出台、法律法规的制定往往是法律、卫生、教育等行政部门从成人和政府的角度出发，自上而下制定的，而不是来源于对儿童发展中问题的研究和对儿童需要的探讨，这就很难避免在制定儿童福利政策时脱离儿童实际、远离儿童生活、远离儿童世界等问题的出现。

而儿童研究可以为儿童福利政策的出台提供有效的基础。纵观世界福利发展的过程，一些国家的儿童福利政策的出台和制定主要以儿童研究为基础。美国联邦政府实施的家长参与婴幼儿早期教育的"首要计划"和"先行计划"等项目，鼓励家长积极参与孩子的早期教育。这类政策的出台是由于心理学研究表明，儿童在家庭环境中的早期生活与其以后在学校的生活有着直接的联系，如果家长积极参与学校有关事务，孩子的学习成绩将会显著提高。日本文部省创设了一个关于儿童不适应学校生活的调查研究者协会。该协会主要研究如何解决儿童的逃学问题。在研究的基础上，该协会发表了一份报告（1992年3月）。同年，文部省基于该报告所给出的宗旨和建议，发出了"关于逃学问题的对策"的通知（9月24日），要求各都、道、府、县、学校及教育委员会，密切配合，为解决逃学问题而努力。

当前，我国儿童福利政策的制定较为缺乏对儿童生存状态的全面考察和系统研究，致使一些法律法规、政策文件的实用性、针对性和可操作性不高。发达国家制定儿童福利政策的经验告诉我们，儿童福利政策的建立应该以科学研究为基础保护儿童的发展，若要使未来的儿童福利政策真正富有实效性地服务于儿童的成长和发展的需要，就必须加强对儿童问题的

行动定向研究，以科学的研究成果为政府出台儿童福利政策奠定夯实的基础。

五、多为残补型福利政策，缺少全面的制度型福利政策

狭义的儿童福利是一种救助型或残补型福利制度；广义的儿童福利是一种制度型或全面型的福利制度。改革开放以来，中国的福利制度以减轻国家的社会负担为主，将福利责任转移到家庭和个人中去。新的社会保障制度建立在由家庭承担主要责任的基础之上，带有浓厚的应急色彩，它主要包括国有企业改革后产生的弱势群体和传统的社会弱势群体，比如城市中的"三无对象"、流浪儿童，农村的"五保户"、孤残儿童等。其他凡是有家庭的社会成员，包括儿童、老人以及其他有特殊需要的人员，则首先必须依靠家庭来满足其相应的保障和发展需要，而家庭以外的为家庭及其不能自立的成员提供帮助的渠道几乎不存在，政府和社会只有在家庭出现危机或遇到通过自身努力无法克服的困难时才会干预。从这个情况来看，我国的儿童福利制度是一种残补型儿童福利制度。它只有在家庭无法继续维持儿童的福利保障时，政府才介入干涉，而且介入也是低水平的，尤其是农村儿童的福利保障更是有限。

比如，在四川地震孤残儿童收养问题中发现，儿童福利政策给孤残儿童提供的福利水平是很低的，这种低水平的福利给收养能力低的家庭带去了更大的压力和风险。同时，孤残儿童在生存上对收养家庭的依赖性比较强，降低了孤残儿童的生活独立性和他们在新环境中的角色适应力。现代儿童福利制度安排的基本特征是所有儿童都处于国家保护之中，而不应将绝大多数儿童排除在外，只服务孤残、问题儿童。普及性和全体儿童享受国家保护，这是现代儿童福利和儿童福利法律框架最基本特征。

要改变这一现状，必须明确家庭在儿童福利中的作用。我国学术界一致认为，家庭对促进儿童福利发展具有重要的作用。家庭是儿童生活最主要的场所，它影响着儿童的成长。当今社会，家庭成为人们生活的中心，人们把更多的精力投入家庭中，父母与子女相处的时间延长，儿童逐渐成为家庭生活的中心。在这种情况下，成海军认为，我国目前的儿童福利政

策应该向家庭福利方向发展，要与我国的社会主义市场经济体制改革目标相适应，建立覆盖全体儿童的积极的家庭福利政策，它能够面向全社会的所有家庭和儿童，特点是以家庭整体为取向，以家庭整体为重点，其目的是使个人正确行使其在家庭中的角色，增强家庭功能和抵御危机的能力。儿童福利家庭政策应建立普遍的、覆盖全体儿童的家庭津贴制度；以家庭为核心，制定法律和法规；制定工作福利，使工作与照顾儿童相结合；发展与完善儿童家庭服务。世界各国儿童福利发展趋势也表明，未来我国儿童福利的政策发展应当着眼于全体儿童，注重全面发展，逐渐普及正常儿童和家庭的福利。

　　我国政府现行的儿童福利政策主要强调原生家庭对于儿童照顾的重要性。理想的儿童福利政策应具有预防的效果，使儿童能成长于有利其潜能发挥的环境中。我国由于经济条件、人力资源的限制，政府部门的儿童福利工作主要以残补型的方法解决儿童问题。这种事后处理的效果不佳，所花费用也会比预防型费用高。因此未来的儿童福利政策取向应是在重视家庭作用的同时，也强调政府的积极介入和预防性措施的加强，政府应明确制定各种政策和方案，整合民间、企业资源来支持家庭，以确保家庭整合并促使家庭的功能发挥，使儿童与其原生家庭关系得以维持。

第 5 章

家庭对留守儿童心理健康的影响

形形出生两年后,父母便出去打工了,她一直跟着爷爷奶奶生活,爷爷奶奶在农村有些地要种,平时也没有太多的时间管她。通常,爷爷奶奶下地时,形形就在田边自顾自地玩耍。形形的父母在离家不远的外省打工,但是工作很忙,因此很少回家,最多一年有一次机会回家。由于长时间与父母分离,形形性格古怪,经常情绪低落,她不知道为什么妈妈爸爸一会儿要她一会儿又不要她了,也特别爱哭,既依赖父母,又觉得他们不爱自己,于是讨厌他们。

家庭对每个人的成长发展起着不可替代的作用,在家庭中,父亲和母亲扮演着不同的角色,对儿童心理的发展发挥着不同的作用。本章主要探讨家庭对留守儿童心理健康的重要影响。首先,必须意识到家庭在留守儿童个体成长中具有重要的意义,是孩子健康成长的土壤,是使孩子人格和品质形成的肥料,同时也为孩子提供了各方面的学习和模仿榜样。父亲或母亲角色的缺失对孩子的影响都是深远的,尤其是父亲角色在孩子的性别和个性形成中显得尤为关键。而家庭教养方式则从性格方面对留守儿童影响深远。家庭的亲密度与适应性是家庭功能的体现。

家庭环境对个人成长的影响

家庭是社会的基本构成要素，是儿童生活的主要场所，它在儿童社会化过程中的作用是学校和任何其他社会团体都不能替代的，家庭氛围在儿童成长的历程中发挥着潜移默化的作用。家庭教育环境的优劣程度，直接影响着一个人的健康成长。我国古代"孟母三迁"的故事证明了古人对家庭教育环境的重视程度，给我们许多教育启示。在物质条件不断丰富、精神世界日益充实的今天，注重家庭教育环境建设，营造民主、和谐、健康、科学的家庭教育环境，有着十分重要的现实意义。

良好的家庭教育环境是孩子健康成长所必需的"土壤"。有了这块养料充足、根基肥沃的土壤，再加上充足的光照，适宜的空气和水分，家园里的小苗才能成长得更加茁壮。心理教育学家斯特娜夫人曾说过："孩子的心是一块神奇的土地，播上思想的种子，就会获得行为的收获；播上行为的种子，就会获得品德的收获；播上品德的种子，就会获得命运的收获。"家庭是孩子成长的第一所学校，父母是孩子的第一任老师。善于模仿是孩子最大的特点，孩子总是喜欢模仿父母，以期从父母身上学到更多东西。父母的价值观念、工作态度、兴趣爱好、言谈举止、待人接物、生活方式，甚至举手投足，都可能成为孩子模仿和学习的榜样。托尔斯泰说过："全部教育，或者说千分之九百九十九的教育都归结到榜样上，归结到父母自己生活的端正和完美上。"斯特娜夫人说得更透彻："孩子是父母的影子。为了培养孩子的品德，父母亲的行为要自慎，应处处作孩子的表率。孩子好的行为或坏的行为都是父母教育影响的结果。"良好的家庭是孩子健康成长的营养液，滋润着孩子的心灵，照亮着孩子的人生。不良的家庭环境带给孩子的影响不仅体现在学习、生活、健康等方面，更为严重的是会对孩子的情感、个性、品德等方面造成恶劣影响。

通常，家长会认为孩子只要吃饱穿暖就可以，却忽视了孩子心理安全方面的需求。在农村，很多家长把孩子交给祖父母、亲戚甚至年长的大孩子，就外出打工。孩子们受不了自己最亲密的人突然离开，加之他们的生活环境也突然发生了变化，面对着这些不太熟悉的面孔和无法掌控的新情况，很容易缺乏安全感。虽然祖父母、亲戚或者长兄长姐是可以在一定程度上缓解其因母爱缺失而产生的焦虑和烦恼，但他们内心也会时常感到恐慌、不安、失望和莫名的担忧，这种种担忧都来自于安全感的缺失。留守儿童安全感缺失会给孩子的成长带来很大的危害。早年安全感缺失所导致的心理障碍是不易被察觉出来的，但是它可能对儿童以后的人格、情绪及同伴交往方面产生危害。

一、影响留守儿童人格品质的发展和形成

缺乏安全感的留守儿童在没有父母作为安全保护伞的情况下不能轻松自由地探索新奇事物。由于对父母的依赖性没有被满足，他们转向依赖祖父母、亲戚或长兄长姐，较少主动与同伴交往，与同伴交往时往往退缩、犹豫而且缺乏热情。被动、缺乏热情和好奇心等使留守儿童很少参与到自然活动的尝试中，也就不能使他们在活动中认识到自己的主宰功能和责任，不能建立起独立而自发的人格，更难成长为满怀希望与信心的个体。

另外，安全感的缺失还有可能导致留守儿童人格向病态发展。弗洛伊德在《精神分析引论》中指出，早期经验对健康人格的形成有极其重要的影响，他认为，在神经症的背后都隐藏着早期的创伤性记忆。人格是沿着安全感这条主线得到充分发展的，在早年生活经历中缺乏足够的爱和安全感，会导致儿童面临许多情绪的困扰，经常感到威胁、危险，特别是焦虑和抑郁两种不良情绪。许多研究也已证明，安全感缺失与儿童期和成年期许多心理病理学现象有密切联系。一个儿童如果长期缺乏父母的关怀和爱抚，容易产生许多行为问题和心理障碍，在学龄期出现退缩、敌意或攻击等行为。

二、影响留守儿童的情绪控制能力

情绪是一个人素质和能力的综合体现，个体是以情绪的方式同世界发生联系的。个体不单纯是一个知觉和认知的个体，更是一个体验焦虑、快乐、愤怒等情绪的人。因此，早期持久的情绪体验对个体一生情绪的发展至关重要。能与父母建立良好依恋关系的留守儿童具有稳定而快乐的积极情绪，反之则易产生焦虑、恐惧与不安等消极情绪。

安全依恋的形成和发展是从婴儿时期就开始的，如果母亲及时满足个体婴儿时期的生理需要，并对之发出的情绪信号迅速做出反应，那么母婴之间积极而又愉快的相互作用将得以保证，安全的依恋关系将发展起来。处于安全状态中的个体是快乐的，富有爱心和善于表达情感的；而缺乏依恋安全感的个体，经常担心母亲离开而处于焦虑、恐惧、不安状态中，或者由于需要延迟满足而遭受挫折感，产生失望、愤怒等负性情绪，长此以往，留守儿童就会情绪多变，甚至成为感情冷漠的人。而且研究发现，不安全型依恋的个体在情绪不良时，会选择逃避或完全被情绪左右，无法积极控制和管理自己的不良情绪。也就是说，留守儿童由于缺乏对亲人的信任和安全感，在面对消极情绪时往往采取消极态度，不会寻求他人的积极支持来调节和控制自己的情绪。他们心烦意乱或感情受到伤害时，会长时间消沉或做出过度的情绪反应。

三、影响留守儿童的同伴交往能力

个体的人际交往始于与父母或祖父母及亲戚的交往，随着年龄的增长逐渐开始了新的群体交往，这些群体通常是同年龄阶段的儿童。事实上，儿童早期形成的安全感会对儿童以后的人际关系发展产生影响。安全感的形成有利于儿童学习和掌握人际交往技能，与人交往时表现出较高的积极性、主动性、独立性和合作性。

具有依恋安全感的儿童，对父母有信赖感，这样，父母就可以树立自己的威信。父母与他人的交往行为就自然成为儿童的榜样，儿童在与父母的交往中也可以学到许多行为规则和交往的技巧。同时，儿童也乐意接受来自父母对自己在人际交往方面的指导，积累成功的交往经验和掌握交往技巧。此外，有安全依恋感的儿童所具有的健全人格特征，为其良好人际关系的建立奠定了基础。研究表明，儿童的合作、友善、亲社会行为与同伴接受性成正相关，而攻击和破坏行为则导致同伴拒绝。大多数研究也得出了不安全依恋与攻击性相关的较为一致的结论。

留守儿童自幼被父母留在家中，他们并不知道父母亲选择的无奈，他们会以自己的主观想法来判断父母离开的行为。父母在这个时期的缺席在他们看来是一种抛弃和背叛，因此他们缺乏对父母的信任，更缺乏对自己的正确、正面的评价，他们的自我效能感很低，因而与他人交往时采取消极态度，缺乏信心和勇气；在受到同伴欺负时也不敢向父母寻求支持和帮助，由此而产生习得性无助感和孤独感、自卑感。

家庭角色缺失与留守儿童心理健康

一、母亲角色缺失

一个人的性格主要形成于儿童时代，早期的家庭教育是儿童性格形成的关键。家庭社会学、教育学、心理学等领域关于亲子教育问题研究的文章指出，相对于父亲，母亲在儿童性格形成方面具有更为明显的优势。孩子一出生，母亲就与之朝夕相处。孩子不仅在生理上对母亲产生极大的依赖，在行为上也极力模仿母亲。正是由于印刻效应期，母亲的行为方式、性格特征在孩子心理上会留下不可磨灭的印记，所以母亲的性格特征所决定的行为方式以及母亲所扮演的角色对孩子的性格的形成影响深远。

（一）母亲角色对于儿童发展的重要意义

母亲对孩子的了解是从母胎里就开始的，任何人都不可能像母亲那样对影响孩子的外部环境如此清楚，也不可能对孩子的一举一动有深切的把握。长期共同生活形成的母子感通、母子情结是母亲和孩子不可分割的纽带，而母子之间无可替代的信赖感，让母亲比谁都能更及时地把握孩子的想法。母亲在孩子成长的最初阶段承担与孩子进行最初的情感沟通的责任，孩子通过母亲的一系列行为使其基本的感觉能力得到锻炼，孩子的情感得以发展，对孩子人格的健康发展起着直接的诱导作用。同样，母亲还是孩子学习语言的最初刺激来源，在孩子语言能力的发展和形成上起着至关重要的催化作用。同时，母亲还是孩子最初的人格行为的影响者，对孩子人格基调的基本形成起到了潜移默化的作用。由此可见，母亲是儿童成长不可或缺的"营养素"，在医治儿童的心灵创伤上具有无可替代的效用。

(二)母亲角色缺失对留守儿童心理健康的影响

留守儿童的父母迫于生计压力只好丢下他们外出打工,在没有妈妈陪伴的情况下,孩子们瞬间从掌中宝变成了没人关爱和看管的孤独者。他们在成长的道路上"自由"成长,没有母亲的教导和指点,更没有母亲无微不至的关爱。这些孩子们由于缺乏母亲的教导,必然会产生这样那样的问题。

1. 母亲角色与留守儿童安全依恋

婴儿出生后,母亲给予的抚摸、嬉戏与爱护使儿童体会到了被人关爱的幸福、与人交流的愉悦。这种关爱和抚育构建了亲子间天然紧密的联系。母子依恋是母子间的感情联结,表现为子对母的持续而密切的身体联系。由此而建立起安全型依恋关系,这种依恋关系影响着儿童以后的发展。对于孩子来说,与母亲在一起,接近母亲就会感到愉快、舒适,同母亲分离就感到痛苦;遇到陌生人或到一个陌生环境就产生恐惧、焦虑,一旦母亲出现就能使他得到安慰。

对于大部分儿童来讲,拥有一个稳定的照看者——母亲并不是一件非常困难的事情,但对于留守儿童来讲,这种要求却有可能变为奢求。他们的父母由于经济压力而暂时离开了他们,从而造成这些儿童在很小的时候就得不到足够的母爱,无法与他人形成正常的依恋关系。目前,并未对留守儿童的心理依恋进行实验研究,"但是一些在特殊环境下成长起来的儿童,他们的发展轨迹同样可以给我们很大的启示。有研究者对孤儿院里的孩子进行了研究。研究的对象是一些在3—12个月内被母亲抛弃的孩子。他们被放在一个大的房间内,由少数几个护士来看护。观察发现,他们对周围环境畏惧,经常哭泣,富于攻击性,而且有些小孩还表现出一定的睡眠障碍。"

从上述案例中,我们可以看出母亲在儿童依恋形成中的重要地位。母亲与儿童的持续而密切的身体联系是儿童安全型依恋形成的关键,其缺失则易使儿童形成回避或反抗型依恋。发展心理学家玛丽·安斯沃斯经过研究把亲子依恋分作四种类型:安全型依恋、回避型依恋、矛盾型依恋和混乱型依恋。安全型依恋的儿童在陌生情境中,有较强的独立精神,与人交往时有很强的社会能力和良好的社会关系，他们对问题往往会更具好奇心和探索倾向，在碰到问题时会主动地面对，较少表现出消极的情绪，既能够向在场的成人请求帮助，又不太依赖成人。回避型依恋的儿童的自我调控能力与合作性较差，面对困难有明显的失望反应，情绪不稳定，坚持性差，容易放弃，必要的时候也极少求助于成人。矛盾型依恋的儿童明显缺乏独立性，过分依赖母亲，他们难以面对问题，有时干脆从问题的情境中退却下来。所以，儿童早期依恋关系的性质决定着儿童对自我和他人多方面的认识。

2. 母亲角色与留守儿童自我认同与信任感

美国心理学家埃里克森在他著名的"人格发展八阶段论"中就谈到，儿童在出生至 18 个月时就要通过感官去领会世界，从母亲的形象中去建立自我认同、去认识和信任世界。如果他得到了母亲的关怀和爱抚，生理需要就得到了满足，就会感到安全，从而对自己、定义周围的人也就有了信任感。但是如果母亲的关爱不够，甚至没有，孩子就会对人、对世界产生恐惧，充满不信任，可见母爱对孩子的影响极大。留守儿童在童年便得不到母亲细致的关爱，抚养人又多沉默寡言或对其置之不理，长此以往，他们的情感易陷入忧郁、沮丧、悲观和苦闷的状态。而且孩子们并不能理解父母外出打工的意义是什么，他们认为母亲的这种缺席是对他们自身的一种否定，是因为他们不够好，所以母亲离开了。在没有母亲陪伴的日子里，他们没办法得到母亲完整的爱，也不能得到母亲的评价，因此，他们感到自己毫无价值，变得对生活缺乏热情，消沉、自卑。这样的孩子长大后易形成冷酷的、仇视的、怀疑他人的人格特征。

3. 母亲角色与留守儿童道德发展

母亲的身心特性决定其较之家庭其他成员和其他社会因素，对儿童德育具有先天优势。这主要取决于儿童期是感性认知的关键时期，母亲的教育作用正是促成其感性认知的形成；此外，母亲和儿童的接触早于和多于他人，从怀胎之时的母子连带开始就决定了母亲的习性和品德早已开始了对孩子的影响。

发展心理学家已经根据儿童对道德的推理，以及他们对道德堕落的态度和面对道德问题时的行为等方面,考虑了道德发展,并进而发展出道德发展的理论。罗伯特·费尔德曼在皮亚杰关于儿童道德发展的研究之上,进一步指出,学龄前儿童在3岁左右就已经理解了意图的概念,并且学龄前儿童也会判断有意使坏的儿童比无心犯错的儿童更加"淘气",此外,儿童到4岁的时候就可以判断有意撒谎是不对的。罗伯特·费尔德曼还指出,儿童表现出某些有利于他人的帮助行为——亲社会行为,是因为他们以道德适宜方式做出的行动得到了正强化。如,当妞妞给弟弟分享饼干后母亲称她是个"好女孩"时,妞妞的谦让行为得到了强化,因此,妞妞在以后的生活中更愿意与他人分享。除此之外,儿童还通过观察成为榜样的重要他人的行为来间接学习道德行为。而在没有母亲陪伴的留守儿童家中,留守儿童即使做出了有利于他人的帮助行为也得不到来自父母的认可和称赞,从而无法使其亲社会行为能很快得到正强化。由于父母亲都未在身边,他们不能及时地找到替代父母的重要他人成为行为模仿的榜样,因而也就不易学习良好的道德行为。

【案例】

小海是个虎头虎脑的小子,一天,当外婆不在家时,他又想偷偷地拿碗橱里的蜂蜜吃。他爬上了椅子,使劲儿伸手去够蜂蜜瓶子,但是蜂蜜瓶子放得实在太高了,他踮起脚来也够不着。但是他还是没放弃,一使劲儿,碰掉了放在旁边的碗和盘子,碗和盘子全碎了。他很担心,很害怕,他知道外婆回来肯定会责罚他的,他惴惴不安,再也没有任何心情去玩和吃蜂蜜了。

在这里,我们可以设想外婆回来后看到此情此景的两种不同反应:一种是,气上心头,对其恶言相加,棍棒伺候;另一种是虽然生气,但是并未严厉教训。第一种反应的结果是,小海即便知道自己错了,也会觉得自己受到如此严厉的惩罚实在委屈;而第二种的结果是,小海惴惴不安的心终于得到了平息,他会很感激外婆对他的体谅,知道他不是故意打翻的。这两种不同的结果自然会对儿童产生不同的心理影响。前者会导致儿童认为成人不分青红皂白,只要做错事无论有心还是无意,就该惩罚,使其产生错误的道德判断,进而产生错误的道德行为。后者则能清楚地判断,是否得到惩罚取决于他们是否是故意做错事情。

二、父亲角色缺失

美国 1998 年的《父母》杂志中，曾对父亲角色展开具体的描述，在文中，父亲被认为对儿童的一生有下列影响：父亲更爱与儿童玩闹；父亲对儿童的推动作用更大；父亲使用的语言更复杂；父亲对儿童的约束更多；父亲使儿童更接近社会，为他走进现实世界做准备；父亲帮助儿童发挥潜能；等等。这在一定程度上显示了父亲在孩子的成长中扮演着极其重要的角色，是不可替代的。

（一）父亲角色对于儿童发展的重要意义

就抚育子女而言，父亲的形象相对于母亲来说，总显得比较暗淡，似乎父爱不如母爱那么重要。然而，现代科学在探索儿童心理发展的过程中发现，父亲对孩子来说和母亲一样重要，只是其影响方式有所不同。精神病学家、《需要父亲》一书的作者凯尔·普拉特（K.Pratt）也认为，父亲对孩子来说和母亲一样重要，只是父亲与母亲对孩子的影响方式不同。例如，在家庭中，父亲和母亲扮演着不同的角色，对儿童心理的发展发挥着不同的作用。父亲对于一个孩子的发展，特别是对于其自我认同具有重要的作用，父亲帮助孩子从心理上与母亲分离，教他们控制自己的冲动，学习各种规范和规则，同时他还能帮助母亲避免过度情绪化地处理与孩子之间的关系。对于男孩来说，随着年龄的增长，儿童对父亲影响的需求也不断增强。因此，父亲角色的缺失使儿童生活的家庭环境不完整，儿童缺少来自父亲的影响，便有可能造成其心理发展的缺陷。

（二）父亲角色的缺失对留守儿童心理健康的影响

1. 父亲角色的缺失与留守儿童的性别角色发展

父亲是子女的性别坐标。在孩子眼里，当他进入"性别辨认期"时，最早能分辨的便是自己的母亲和父亲。孩子将父亲所有行为特征视为一个男人所应具备的特征，以后出现的男性形象都会与最早获得的这一男性范例相比较。缺乏父爱的男孩较难在男性的自信与自制之间找到一个平衡点，要他们学习自制和获得满足的技巧是比较困难的，而这些技巧对男孩长大后寻找友谊、获取学业和事业成功十分重要。父亲存在的积极意义对女孩的学业和职业成就也是一个重要的因素，并且能使她们成年后与男性发展健康的关系。

性别角色是指儿童形成与自己的生理性别相同的社会价值期望的性别认识和性别行为的过程。儿童潜意识地向别人模仿的过程会使儿童将父亲作为榜样进行模仿，使自己的行为越来越像父亲。父亲为男孩提供了一种男性的基本行为模式，使得男孩子往往把父亲看作是自己未来发展的模型而去模仿。可以说，父亲的很多行为品质和习惯都会在儿子的身上体现出来，父亲存在于家庭中的男孩会比父亲缺失的男孩在性别角色定位上表现出较多的男子汉气概；而对于女孩，父亲身上的男性品质使她在今后的生活中有了参照，青春期的女孩往往把父亲看作是异性伴侣，甚至是未来丈夫的模式。从女孩情感发展来看，她们对父亲的依赖性和爱戴心理往往更强，从父爱中获得安全感和特有的保护性心理。另外，爸爸身上所具备的勇敢、坚强、博大等优秀品质都是孩子所要学习的。

【案例】

李楠是个胆小的女孩，做事畏畏缩缩，妈妈本身胆子也小，看着胆小的女儿她也没办法。为了纠正女儿胆小的毛病，李楠的爸爸经常带她去参加登山、溯溪等户外活动，还特意带李楠去游乐园玩过山车，为她做示范，告诉她要战胜自己的恐惧心理，这样才会变得勇敢。李楠受到勇敢的爸爸的影响，逐渐消除了胆怯心理。

2. 父亲缺失与留守儿童智商和情商发展

父亲是孩子智慧的启蒙者。女性富于感情、男性长于理智这种男女差别，使父母与孩子的亲子交往过程中在教育内容、方法、手段上有着一定的差别。一般来讲，父亲有较丰富的知识面、较强的动手能力、较深刻的理解与判断能力以及勇于探索的精神，这些无不对开阔孩子的视野、发展认知能力与创造能力起着独特的作用。

父亲大多是通过游戏来影响孩子，如与孩子扭斗、呵痒、举高旋转等，父亲这种带有粗野风格的玩闹，为孩子提供了一个学习情绪的重要途径。在游戏中孩子获得激烈的积极情绪体验，学习在情绪激昂时如何理解他人的暗示，懂得如何将自己的情绪控制保持在有利游戏开展的最理想状态。父亲的影响对孩子智力发展起着关键的作用，既可引发孩子的积极情绪，又可成为孩子出现消极情绪的导火索，因此，父亲对孩子情绪的及时处理、恰当疏导是非常重要的。研究发现，凡与爸爸一起相处机会多的孩子，其智力水平更高，男孩更是如此。这是因为爸爸在和孩子一起游戏的过程中常和孩子共同操作、共同探讨，从而使孩子获得更多的启发。

【案例】

　　苏宁的爸爸喜欢和他一起玩游戏，每天下班后都会抽出一段时间和他玩。爸爸最近和苏宁玩的游戏是自己动手剪纸。爸爸除了教会孩子如何剪纸外，还让苏宁懂得了什么是"轴对称""中心对称"，使苏宁在游戏中学到了不少知识。

家庭教养方式与留守儿童心理健康

一、溺爱式教养骄纵放任

　　留守儿童的父母外出打工的一个重要原因是为了解决子女的教育经费问题。但是，由于打工外出，父母应该有的对孩子的教育引导便少了。他们与子女经常处于一种隔绝状态，聚少离多，子女很难从父母那里得到应有的教育。父母外出后，有的数年不归，有的音信全无，长期的分离使孩子与父母的亲情变淡，父母与子女之间的关系相对疏远，亲子关系发生了消极变化。虽然父母托付的监护人大多能尽力关心爱护这些孩子，但绝对代替不了父母至亲的作用。而处在这一年龄段的留守儿童正需要父母为其做出榜样，需要树立一个正确的世界观、人生观和价值观，比如性别角色化等等。当这种必需成为一种奢望的时候，他们幼小的心灵往往会备受打击。加上外出打工的父母本身文化程度不是很高，他们对子女的早期教育不够重视，更多的是用物质来弥补精神上的愧疚，对于子女所犯的错误也不忍心加以责备和批评，久而久之形成了一种溺爱式的教养方式。这造成子女我行我素，一些陋习得不到及时纠正，长此以往势必会对这些孩子的正常心理发展产生负面影响。

还有一个现象值得注意，有的孩子认为家里穷，父母没能耐，才会出去打工挣钱，他们对父母打工不理解，由此而产生怨恨情绪。这些也与父母与孩子沟通较少、孩子缺乏教养有关。大多数孩子在父母外出后都表现出一些心理问题，其中年龄越小的孩子表现越突出。留守儿童的心理问题不仅影响其心理健康，也容易引起他们的违法犯罪行为。

二、隔代教养有利有弊

父母在外打工，留守儿童由祖父母照顾抚养，看似顺其自然，却也是无奈之举。祖辈有丰富的社会阅历和人生感悟，有抚养和教育孩子的实践经验，对孩子不同年龄段容易出现什么问题以及如何处理，他们知道得要比年轻父母多得多，可以弥补年轻父母在养育孩子方面的知识空白，发挥祖父母的经验优势。隔代教养能让孩子从抚养他们的祖辈那里获得关心和爱抚，但老年人不论在精力还是在精神状态方面都不如年轻的父母们，他们的爱也就不够敏感和细致，也不及年轻的父母们有活力。老年人自己也属于需要被照顾的群体，他们大多数年龄在60岁左右，有的甚至70多岁了还得照料儿女们留在家里的孙子孙女，并默默承担着家务及农活，他们对孙子孙女们的照顾有时显得力不从心。

此外，许多老人对孩子的宠爱往往很容易变成毫无原则的迁就和溺爱，什么事都一手包办代劳，以致孩子任性、依赖性强和生活自理能力低下。还有老人因过度疼爱孩子而护短，致使孩子因其缺点长期得不到矫正，遂养成不良的行为和性格。因此，隔代教育容易出现两种倾向，一是任性调皮，二是产生逆反心理。一般老年人在学习上不能给孩子更多帮助，在教育方式上也很难和孩子有畅通的交流。

三、父辈监护难以周全

有些父母外出打工，将孩子寄养在亲戚朋友家中。这些看护人一般是与父母同属一代，更存在替代父爱和母爱的可能。但是很多抚养人由于碍于情面，对于亲戚或朋友的孩子的教育只能采取"不求无功，但求无过"的态度，通常是不敢管、管不了、也没法管，只要不犯大错误即可。亲友监护人普遍认为，由于没有直接血缘关系，自己很难把握教育的方式、教育的尺度，对孩子不便过多管理或经常盘问，他们更注重对留守儿童的物质生活和人身安全的管理。这样就可以避免因管教太严而伤了双方的感情。但是这种"物质+放任"的抚养方式极易形成孩子我行我素和任性的心理，或者对孩子造成一种寄人篱下的感觉，也容易和亲戚家年纪相仿的孩子产生矛盾，孤僻自卑、胆小怕事。而且本身这些亲戚朋友都有自己的孩子需要照顾，难免分身乏术，照顾不周。

四、同辈监护形同虚设

对于一些留守儿童来说，他们的父母在外务工，而一时又没有合适的监护人来帮助他们照看孩子，于是，这些孩子就会由自己的哥哥姐姐看护。而没有哥哥姐姐的则只能进行自我看护了。但是这样的孩子无疑是最悲苦的，已经缺乏必要的父爱与母爱，又得不到其他人的照顾，负担更重。孩子在儿童时期很大程度上还处于"他律时期"，自律能力较弱。而现在把本该由成人监护的责任，交由自控能力、自我监管能力、明辨是非能力均不强的未成年人来监护，就相当于没有监护。而自控能力差的留守儿童比自控能力强的或者一般的儿童在情绪、情感、学习和行为方面更容易产生不良的心理问题。

五、严厉型教养"不打不成材"

严厉型教养方式通常出现在由母亲监护或祖父母监护的留守儿童家庭中。严厉型教养方式的特点就是要求孩子对自己绝对服从，以维护自己的权威和威严，而且对孩子缺乏积极的情感。这种教养方式会较多地采用体罚、指责或不管不问的消极做法，在处理有关事件时认为孩子"不打不成材"，因而很少跟孩子讲述道理，也不太尊重孩子的意见和想法，更谈不上与孩子进行深入的情感交流了。

事实上，孩子在没机会与父母相处时无法感受到父母的情感温暖，在他们心里已经留下了阴影，加之监护人对其呼呼呵呵，说话的内容和语气总是显得有责备、恐吓和威胁之意。这导致了孩子完全没有机会倾诉内心的想法和获得应有的关心，势必会使孩子心理不平衡。长期不当的教养方式易使子女形成难以适应社会的不良人格特征。严厉惩罚、拒绝否认、过度干涉的教养方式越多，子女就越可能多地表现出孤独、不关心他人、难以适应外部环境、喜欢冒险等特征。父母采用高压策略越多、表达负面情感越多，子女就越易对人产生消极认知，不能关心和理解他人、行为倔强并因此不能很好地适应外部环境。

【案例】

  牛牛（女）今年9岁了，家里还有个哥哥，哥哥在爷爷那里由爷爷抚养，2岁过后便没再见面。父亲在她2岁时去世了，母亲从父亲去世那年开始去广东打工至今已有7个年头了，母亲将她交给外婆和舅舅共同抚养。妈妈自从外出后，每两个月会联系家里人一次，每次联系都会问牛牛最近的表现如何，是不是乖，是不是听话。妈妈反复强调要牛牛听外婆的话，认真学习，如果不听话就把她"拿去卖掉"。牛牛每次听到这样的话就心惊胆寒，十分害怕，担心自己被卖掉。在舅舅家里，牛牛跟舅舅、外婆、表姐等相处起来也并不愉快，舅舅让牛牛帮忙干家务，牛牛不情愿又不敢拒绝，因为舅舅总是拿"不听话就不给吃的"来威胁她。外婆也似乎总是站在舅舅和表姐那边，帮腔骂她懒、骂她不听话、爱发脾气。牛牛则听到对其指责便开始不耐烦，吃饭的时候就甩开碗筷，不吃饭走了，怎么叫都不搭理没反应。在学校，牛牛非常喜欢课堂发言，好表现，但是她一举手就要老师喊她回答，老师要是不喊她，她就搞怪，发脾气，东扯扯西弄弄地弄人，有时候一弄一节课，同学们都很怕她，觉得她凶，老师们也很难堪不知道该怎么处理。

家庭的亲密度和适应性与留守儿童心理健康

  家庭亲密度是指家庭成员之间的感情联系。家庭适应性是指家庭体系随家庭环境和家庭不同发展阶段出现的问题而相应改变的能力。许多研究表明，家庭的亲密度和适应性对于儿童心理健康有深刻的影响。生活在亲密度强的家庭中的留守儿童，与人相处时的亲密度、情感表达及控制性比较稳定，较少出现矛盾的性格。在适应性方面，留守儿童的家庭如果具有僵硬、缺乏灵活性的特点易使个体缺乏安全感，使个体在面对社会时感到自己渺小、无助和无能。

一、亲密度

家庭亲密度可以说是家庭成员之间的人际关系，反映了家庭成员间的情感联系。家庭亲密度较高的家庭能给予孩子温暖的情感交流与支持，形成良好的亲子关系，高家庭亲密度的留守儿童对家庭成员间的亲密情感有更深刻的体验，也更容易体验到正性情感。因而对于他们来说，这些积极的情感体验会给他们动力和信心，使他们的性格更为积极乐观向上。

对于留守儿童而言，父母外出打工已经是很大的打击了，他们失去了精神支柱，与父母的联系只能通过电话进行，这在一定程度上影响了父母与子女的情感交流。在一项对农村留守儿童生活适应过程的质性调查结果中，作者指出留守儿童与父母的关系从他们外出务工后有很大的转变。最具代表性的观点就是留守儿童们认为父母外出打工后自己与父母的关系疏远了，"觉得没有以前好了"。在外打工的父母若经常与儿童打电话进行联系，虽然不能完全取代父母在家的情形，但是这种联系的增多对留守儿童来讲是一种亲情的延续或补偿，这样，这部分留守儿童才能同样感受到父母对自己的爱和关心，维持正常的亲子关系。

二、适应性

适应性反映的是家庭的势力结构，过于僵硬的家庭结构说明家庭内的偏斜和独裁。惩罚成为家庭的一种惯用约束工具，会造成子女的不安全感、孤独感，使子女在面对社会时感到自己渺小、无助和无能。当他们遭受生活或学习中的压力等应激性事件时，其情绪无法在家庭中得到疏导和解决，加上外界种种不良因素的影响，极易染上不良行为，以获得精神上的慰藉和满足。

家庭亲密度与适应性与留守儿童的总体抑郁和焦虑之间的相关性体现为，儿童在家庭中感受到的亲密程度越差，则在家庭中的适应性越差，越易出现抑郁和焦虑情绪。这是由于亲密度低、适应性差的家庭亲子间的情感交流不频繁，家庭氛围不融洽浓厚，孩子无法获得支持，所以使儿童易感到孤独、压抑，变得胆小和沉默。

第 6 章

环境适应与心理健康

　　小杰是典型的留守儿童，他的父母很早就去新疆打工了，每年只在过年时回家一二十天。小杰因撤校合并的学校离家太远，在姑姑家生活。小杰现上一年级，因没有上学前班或幼儿园，一直跟不上教学进度，半学期过了，还不会抓笔写字，学习成绩自然很差。他上课从不敢举手发言，下课了也不和其他同学玩耍。经常不能完成家庭作业，老师一问，就说不念了。由于从幼儿期便开始了与父母的长期分离，所以小杰不仅与父母感情淡漠，在与其他人交往中也有猜疑、狭隘、孤僻等负面倾向。

　　留守儿童的环境适应与心理健康问题是关于留守儿童的一个重大课题。本章主要分析了留守儿童父母外出务工后，留守儿童在生活的哪些方面起了重大的变化；这种变化造成他们在生活适应性方面产生障碍，这些障碍具体又表现为哪些方面。在适应过程中必然会产生各种冲突，本章探讨了这种心理冲突是如何产生和发展，最后如何瓦解的。最后针对留守儿童的适应问题提供了几点心理调适的建议和策略。

留守儿童的生活变化

留守儿童原本是生活在父母身边的幸福的花儿，父母出于改善生活环境、提高生活质量的目的，把年纪尚小的孩子们留给了祖父母或其他亲戚，让其承担照顾和教育这些孩子的重任。有些孩子即使上学了，家长仍然在外务工，无法出席孩子在学校参加的任何活动，与孩子们沟通也渐渐变少。自从父母离开家去城里打工后，留守儿童的生活发生了很大的变化。

一、情感支持的丧失

虽然父母外出务工后有祖父母或亲戚暂时代为监管，但是儿童与父母长期相处建立起的深厚感情突然因此中断，他们再也不能像往常一样从父母的怀抱与关爱中获得各方面的情感支持，而只能转向祖父母、亲友等。这对于还未完全形成良好人际交往能力的留守儿童来说是个艰难的挑战。这种需要重新建立情感支持的环境会给他们带来心理上的负担。父母外出务工对留守儿童的生活造成很大的影响，缺乏至亲关爱会对孩子造成许多不良的影响。最为直接的就是孩子在生活上很难得到最好的照顾，最贴心的关怀与抚慰，使孩子无法养成良好的生活习惯。父母在孩子的成长环境中是不可或缺和无可替代的，无论寄养人是谁也无法做到跟父母一样提供给孩子全部的爱。

二、监护人素质的改变

由于大部分留守儿童监护人是孩子的祖父母，他们因为年龄较大，不但要承担很多的家务，而且文化层次也不高，大多是文盲或者半文盲。所以，他们在教育孩子的方式方法上就会用上一辈的老方法，不一定是合理的方法，而且也不懂得在心理上关心孩子的重要性，更莫要说从孩子的心理健康角度来切切实实地关心孩子的成长、照顾孩子的情绪。他们能做到的仅仅是照顾孩子们的日常起居、吃饭穿衣等简单生活，在与孩子交流和沟通方面存在着极大地鸿沟和困难，也不能在孩子的学习问题上给予适当的帮助和指导。

三、安全存在一定隐患

如果留守儿童独自在家或路边玩耍，路上车辆较多，老人有时会无法顾及，一方面是因为年老体弱，另一方面是因为被其他生活琐事拖累。在以往的调查过程中，留守儿童发生撞车、触电、火灾等事故的现象时有发生，这也警示我们，留守儿童的人身安全存在一定的隐患。曾经有记者报道过一起由于监护人忙于干农活无暇照看儿童而使其掉进大水缸中溺水身亡的新闻，孩子的奶奶由于伤心过度和自责最终服农药自杀。这也足以让我们意识到照顾好留守儿童就是照看好整个家，就是在维系整个家庭的幸福。

四、生活中的不愉快经历增多

在日常生活中，留守儿童有时会遇到家务增多，被别人欺负或需要照顾老人等不愉快的经历。家务增多是由于父母走后，家里的一些重担有可能会落在年长的子女头上，而年长的子女除了自己面临着无人照看的问题，更要承担起父母的角色，替父母照顾好弟弟妹妹，即使是独生子女，留守儿童也不可能脱离繁重的家务把所有劳动交给年迈的老人。

由祖父母隔代抚养的留守儿童可能还要面临着与祖父母沟通不畅，易发生纠纷与矛盾等不愉快的经历。父母是不能被爷爷奶奶替代的，和父母住在一起的时候可以想说什么就说什么，父母也很乐意交流，而和爷爷奶奶住在一起时，儿童则很少甚至不与他们进行交流。尤其遇到爷爷奶奶生病时或者与爷爷奶奶闹矛盾时，就会变成没有人管的孩子。

父母外出务工的留守儿童在与同伴们相处时也较易受到嘲笑和欺负，孩子们会觉得自己没有坚强的后盾，同伴则会因为他们没有家长的庇护而欺负他们。

适应障碍的表现

一、适应的概念

适应是来源于生物学的一个名词，用以表示能增加有机体生存机会的那些身体上和心理上的改变。在心理学中，适应用来表示对环境变化做出的反应，如对光的变化的适应和人为了适应社会而产生的社会行为的变化等。

适应通常表达三层含义：一是生物学意义上的适应，即生理适应，如感官对声、光、味等刺激物的适应；二是心理上的适应，通常是指遭受挫折后借助心理防御机制来使人减轻压力、恢复平衡的自我调节过程，这是一种狭义的适应概念；三是对社会生活环境的适应，包括为了生存而使自己的行为符合社会要求的适应和努力改变环境以使自己能够获得更好发展的适应。

二、适应障碍的含义

适应障碍是指由于个体素养或个性的缺陷导致对日常生活中的紧张性刺激不能适当地调适，从而产生明显的情绪困扰、适应不良行为或生理功能障碍，并造成社会功能即正常的人际交往关系受损。

三、留守儿童适应障碍的临床表现

留守儿童由于环境改变引起的适应障碍通常会通过留守儿童的情绪或行为直接表现出来，间或会引发生理上的障碍。其障碍的主要临床表现为：情绪困扰、性格孤僻不合群、不良行为和生理功能障碍。

第一，情绪困扰。情绪困扰的突出表现为抑郁症、情绪低落、沮丧和失望、对一切失去兴趣，也有紧张不安、心烦意乱、心悸等现象相伴发生。

第二，性格孤僻不合群。此类留守儿童在社会交往方面能力非常弱或是没有社会交往的意愿。表现为社会性退缩，如不愿意参加各种社交活动、不愿意上学，喜欢闭门在家。

第三，不良行为。不良行为主要突出反映在问题留守儿童的适应性障碍中，表现为侵犯他人的权利或违反社会道德规范的行为，如逃学、斗殴、破坏公物、说谎、滥用药物、酗酒、吸毒、离家出走及过早开始性行为等。

第四，生理功能障碍。生理功能障碍主要表现为留守儿童的躯体不适，例如头或者腰背等部位的疼痛、胃肠不适恶心想吐或便秘腹泻。而这些躯体不适经由检查又并未发现躯体有特定的疾病，症状持续不超过半年。

留守儿童适应问题的心理调适

个体的应对方式直接制约着压力事件对个体的影响的大小。积极的应对策略会使个体避免日常挫折带来的消极影响，或者在经历挫折中成长壮大；消极的应对策略则会加大日常挫折带来的消极影响。那么留守儿童在应对压力事件的适应性是怎样的呢？我们又应该从哪些方面着手对其进行心理调适呢？

一、留守儿童应对压力事件的适应性

不同监护类型的留守儿童由于其受到的关爱和照顾程度有所差异，他们表现出来的应对方式也有所不同。一般来讲，隔代监护的留守儿童在遇到困难和问题时，更倾向于采取与同伴或朋友谈心、从朋友处获得帮助和支持的策略。这也是由母亲监护的留守儿童普遍采取的策略。由此也可以看出，在儿童的培养过程中母亲更多地扮演情感支持的角色，而父亲则更多地给予孩子们勇气和决断这样一些气质。因此孩子们在遇到问题时会寻求朋友的帮助而非母亲和祖父母的帮助。这在另一方面也反映了父母亲情的相对缺失或亲子沟通不良在一定程度上加大了留守儿童对同伴的依赖。

二、对留守儿童适应问题进行心理调适

早在1992年，我国就已经成为《儿童权利公约》的第110个签字国，试图确保所有儿童获得他们应该享受的关怀、保护和机会。我国颁布的《中国儿童发展纲要（2011—2020年）》的指导思想主要就是：坚持儿童优先的原则，保障儿童生存、发展、受保护和参与的权利，提高儿童整体素质，促进儿童身心健康发展。对于留守儿童这一中国社会中特有的弱势儿童群体来说，保障他们在父母亲情缺失后具有良好的生活适应能力，是促进他们发展的根本。具体而言，我们应当从以下几个方面对留守儿童的生活适应能力进行培养。

（一）引导留守儿童对父母外出务工进行积极的评价

儿童对于消极事件的积极认知对于缓冲消极事件的不良影响，促进其心理的健全发展具有重要意义。因此，留守儿童周围的成年人（包括父母、监护者、教师、邻居等）可以不断地强化儿童对父母外出务工事件的积极认知，以促进其良好的生活适应能力的提高。

（二）引导父母对促进儿童的生活适应能力进行不同的努力

作为孩子的父母，其职责就是在生活中关爱孩子、耐心地教导孩子，最大限度地使他们避免兄弟姐妹之间或母子之间、祖孙之间的冲突。而留守儿童的父母不在子女身边无法顾忌和及时处理冲突。父母们有事忙于工作就会忽视对孩子的关心和问候，减少了与孩子的电话联系或书信联系，这都会加深孩子们的孤独感和疏离感，更易与监护人产生冲突。其实这也是孩子们期待获得关注和关心的一种手段。因此，父母虽然在外务工也应当增强与子女的联系，并及时与监护人沟通，解决双方之间的冲突，让孩子感受到父母的存在和关爱是无处不在的。

（三）教会留守儿童一些有效的应对困难的策略

对困难的良好应对能力取决于父母亲的教育方式。溺爱型教养观念的父母欠缺与子女的沟通，欠缺对留守儿童生活体验的了解，也不会有意识地去教孩子们应对困难；权威式教养观念的监护人崇尚武力解决问题，就更不会理性地教会孩子正确应对各种问题和困难。有时候，依靠朋友来解决问题可以取得良好的效果，但是有时候会由于双方都不成熟，解决问题不当反而酿成悲剧。因此，无论是父母还是监护人、教育者，都有责任及时了解留守儿童生活中的不愉快经历和困难，对儿童解决问题的方式加以正确引导，并有意识地教给儿童一些应对困难的策略。同时还要帮助其建立和扩展朋友网络，用朋友的友情和支持来弥补父母不在家的感情缺失。

（四）增进留守儿童心理健康调适能力

首先，要教导留守儿童积极学会三个调整：调整自己对现实、对自己、对他人的心态。具体而言，这三个调整有更为细致的内容需要留守儿童去一步一步地学习和完成。

1. 调整自己对现实的心态。要让留守儿童认识到父母的暂时性缺席是生活的一部分，是现实状况造成的，父母也有难以言说的苦衷。他们应该正确地面对客观现实，承认并接受现实状况和父母的选择。

2. 调整对待自己的心态。父母一旦离开，留守儿童就会陷入深深的自责中，会认为自己是家里的拖累，是不受欢迎的孩子。事实上，父母的选择跟孩子的好坏没有直接关系，我们应当引导他们正确地认识和评价自己，并且要学会善待自己、家人和朋友，在任何情况下都不要忘记学会倾诉和沟通，要让他们认识到封闭自己或是叛逆是最不能取得良好效果的应对方式。

3. 调整对他人的心态。人的心理适应最主要的是对于人际关系的适应。人的成长发展又离不开集体，人的身心健康也离不开人际交往。因此，留守儿童应当更加乐于交往，以协调与他人的关系。有些留守儿童性格孤僻怪异，经常对他人表现出敌意，对他人不信任，以至于不愿意与他人建立起长久的交往关系。所以对于留守儿童的人际交往问题，应当引起充分的重视。小孩子们对于是非判断的能力比较欠缺，他们会凭借自己的喜好判断一个人的好坏，因此他们在面对他人时容易误解他人抑或是易颠倒黑白不分好坏。所以要让他们对于别人采取一种审慎和观察的心态去接触，不轻易相信他人，也不轻易评价他人。

其次，教导留守儿童掌握一些必要的调适方法。疏泄法是最常用的心理治疗方法之一，疏其实就是疏导，泄则是指宣泄。它的基本原则是让求诊者将心中积郁很久的郁闷或思想矛盾倾诉出来，以减轻或消除其心理压力，避免引起精神崩溃，并能较好地适应社会环境。精神疏泄疗法不仅对神经症、心因性精神障碍、情绪反应等精神疾病有较好的疗效，而且对心身性疾病与正常人的心理问题也有相当大的帮助。

留守儿童在遇到不愉快的经历时，可以采取疏泄法来缓解压抑。

第一，倾诉。遇到不开心的事情或困难时可以向老师、家长或最信得过的朋友倾诉，一吐为快。把心中的不快、郁闷、愤怒、困惑等消极情绪一股脑倒出来，就会在心理上轻松很多。

　　第二，转移注意力。当自己不开心的时候，把不开心的感觉转移到别的东西上去。例如与监护人、祖父母等闹别扭或委屈，就去和同伴畅快地玩儿一会儿，消除紧张和愤怒的情绪。

　　第三，大哭一场。在感到痛苦、悲伤或委屈的时候，不妨痛痛快快地哭一场。哭是消极情绪积累到一定程度的大爆发，当痛苦或悲伤时痛哭能有效地释放积聚的紧张，调节心理平衡。

第 7 章

留守儿童人际关系问题

随着我国城乡一体化进程的加快，社会主义市场经济的飞速发展以及新时代社会主义新农村建设的推动，农村土地转让改革，出现了大量农村青壮年剩余劳动力。他们为谋求更好的生活，大多数人选择了进城务工，大量的留守儿童随之产生，伴随而来的各种问题日益增多。然而，社会对留守儿童给予更多关注的往往是其在生活、教育等多方面得不到必要的保障所面临的困境，忽视留守儿童问题中日渐凸显的人际交往问题。事实上，人际关系对个体的心理健康有着显著影响，大多数农村留守儿童有着人际关系问题。本章从解释人际关系的概念、特点、基本形态、建立过程出发，分析了影响留守儿童人际关系的四种主要因素——家庭教养方式、心理弹性、人格特质、自尊，并阐述了人际交往中的四种理论——符号相互作用论、场合交往论、自我呈现论、社会交换论。以现有案例分析了留守儿童在人际交往中的问题，并辅以相关的解决方式以培养留守儿童健康的人际关系。

【案例】

2015年6月贵州省毕节市四名留守儿童家中服毒自杀身亡，引起社会强烈的震动，留守儿童问题再次成为人们关注的焦点。留守儿童的孤苦无依以及内心的绝望,其实是情感遭遇上的"贫穷",四个幼小生命瓜秧般的枯萎,死亡的不仅仅是几个脆弱的生命,同时也是我们整个社会的文明水平。

人际关系的概述

人际关系的处理关系到个体能否健康和谐地与他人相处,也关系到个体与自身的相处是否健康,人际关系始终是影响个体心理健康的一个重要因素。而留守儿童也必然会面对各种人际关系问题。大量实证研究表明,留守儿童所面临的人际关系问题相比非留守儿童更为严重。有学者指出,人类心理的适应,最主要的就是对于人际关系的适应,人类心理的病态,主要是由于人与人之间关系的失调而造成。留守儿童在人际关系中的各种问题会影响个体的日常生活,如果处理不好,会成为持久而顽固的困扰个体日常生活的因素。

一、什么是人际关系

人际关系(interpersonal relationships)作为专有名词是在 20 世纪初由美国人事管理协会最先提出来的。作为早期行为科学理论之一,也称人群关系论,1933 年由美国哈佛大学教授梅奥创立。社会学将其定义为人们在生产或生活活动过程中所建立的一种社会关系,反映了个人寻求满足其社会需求的心理状态。心理学将人际关系定义为人与人在交往中建立的直接的心理上的联系,这种联系会对人们的心理产生影响,会在人的心理上形成直接关系或距离。就人际关系心理学产生的过程而言,一般经过一个双循环的过程,即顺时针方向运动的内循环与逆时针方向运动的外循环有机组成的完整系统。内循环和外循环并不是相互分离的,有时两个过程交叉在一起共同发挥作用,但其终极目标是一致的。人际关系主要包括三层含义:第一,人际关系要注意人与人在相互交往过程中心理关系的亲密性、融洽性和协调性的程度;第二,人际关系是由一系列心理成分构成的;第三,人际关系是在彼此交往的过程中建立和发展起来的。

二、人际关系的特点

人际关系主要包括亲子关系、同伴关系和师生关系等。但每一种特定的人际关系都有以下三种特点：

（一）个体性

在人际关系中，角色退居次要地位，而对方是不是自己所喜欢或愿意亲近的人成为主要问题。

（二）直接性

人际关系是人们在面对面的交往过程中形成的，个体可切实感受到它的存在。没有直接的接触和交往不会产生人际关系，人际关系一经建立，一定会被人们直接体验到。

（三）情感性

人际关系的基础是人们彼此间的情感活动。情感因素是人际关系的主要成分。人际间的情感倾向有两类：一类是使彼此接近和相互吸引的情感；另一类是使人们互相排斥分离的情感。人们在心理上的距离趋近，个体会感到心情舒畅，如若有矛盾和冲突，则会感到孤立和抑郁。

三、人际关系的基本形态

纽科姆（T.M.Newcomb）认为人类最小的稳定群体是两个人，两个人之间的关系有三种形态：

（一）相互正关系：双方相互肯定，对对方持积极态度；

（二）相互负关系：双方相互否定，对对方持消极态度；

（三）混合关系：双方有时相互肯定，有时相互否定，其态度也同样，构成一种混合关系，视情况而定。

四、人际关系建立与发展过程

奥尔特曼和泰勒（Altmar & Taylor，1973）认为，良好的人际关系的建立和发展，从交往由浅入深的角度来看，一般需要经过定向、情感探索、感情交流和稳定交往四个阶段。

（一）定向阶段

定向阶段包含着对交往对象的注意、抉择和初步沟通等多方面的心理活动。在纷繁复杂的人际关系网中，我们并不是同任何一个人都能建立良好的关系，而是对人际交往的对象有着高度的选择性。在通常情况下，只有那些具有某种会激起我们兴趣的特征的人，才会引起我们的特别注意。在一个团体中，我们在人际关系方面通常会将这些人放在注意力的中心。

注意也是选择，它本身反映着某种需要倾向。比如在我们选择恋人时，某些与我们观念中理想的情人形象相接近的那些异性，尤其会吸引我们的注意。

与注意不同，抉择是理性的决策。而注意的选择是自发的，非理性的。我们究竟决定选择谁作为交往对象，并与之保持良好的关系，往往要经过自觉的选择过程。只有那些在我们的价值观念中具有重要意义的人，我们才会将其作为交往和建立人际关系的对象。

初步沟通是我们在选定一定的交往对象之后，试图与这一对象建立某种联系的实际行动。目的是对别人获得一个最初步的了解，以便使自己知道是否可以与对方有更进一步的交往，从而使彼此之间人际关系的发展获得一个明确的方向。由于初步沟通实际上是试图建立更深刻关系的尝试，因此，尽管我们所暴露的有关自我的信息是最表面的，但我们都希望在初步沟通过程中给对方留下良好的第一印象，以便以后关系的发展可以获得一个积极的定向。

人际关系的定向阶段，其时间跨度随不同的情况而不同。偶然相遇而相见恨晚的人，定向阶段会在第一次见面时就完成。而对于可能有经常的接触机会而彼此又都有较强的自我防卫倾向的人，这一阶段要经过长时间沟通才能完成。

（二）情感探索阶段

这一阶段的目的，是彼此探索双方在哪些方面可以建立真实的情感联系，而不是仅仅停留在一般的正式交往模式。在这一阶段，随着双方共同情感领域的发现，双方的沟通也会越来越广泛，自我暴露的深度与广度也逐渐增加。但在这一阶段，人们的话题仍旧避免触及别人私密性的领域，自我暴露也不涉及自己根本的方面。尽管在这一阶段人们在双方关系上已开始有一定程度的情感卷入，但双方的交往模式仍与定向阶段相类似，具有很大的正式交往特征，彼此还都仍然注意自己表现的规范性。

（三）感情交流阶段

人际关系发展到感情交流阶段，双方关系的性质开始出现实质性变化。此时双方在人际关系方面的安全感已经得到确立，因而谈话也开始广泛涉及自我的许多方面，并有较深的情感卷入。如果关系在这一阶段破裂，将会给人带来相当大的心理压力。在这一阶段，双方的表现已经超出正式交往的范围，正式交往模式的压力已经趋于消失。此时，人们会相互提供真实的评价性的反馈信息，提供建议，彼此进行真诚的赞赏和批评。

（四）稳定交往阶段

在这一阶段，人们心理上的相容性会进一步增加，自我暴露也更广泛深刻。此时，人们已经可以允许对方进入自己高度私密性的个人领域，分享自己的生活空间和财产。但在实际生活中，很少有人达到这一情感层次的友谊关系。许多人同别人的关系并没有在第三阶段的基础上进一步发展，而是仅仅在第三阶段的同一水平上简单重复。

五、人际交往理论

（一）符号相互作用论（象征性交往理论）

符号相互作用论是布鲁莫（S.W.Bloom）于1937年提出的，是一个源自社会学的社会心理学理论，它强调符号、意义的作用。它有三个基本假设：第一，人们是依据事物对他们的意义处理事物的，此事物可以是具体的也可以是抽象的社会客体；第二，社会客体的意义来自于社会相互作用，不是客体本身所具有的；第三，意义可以被掌握，也可以通过解释而改变。

符号相互作用论认为符号主要指的是人类生活的言语基础。作为符号、意义系统，可以使人进入自己和他人的活动，使这些活动成为意义的客体，语言研究是研究人的相互作用的出发点。符号相互作用论认为，人们为了顺利地实现交往和沟通，必须有能力在想象中扮演符合他人对自己期望角色，即所谓角色采择。这就是说，要能处于交往对方的地位上，像对待客体那样对待自己，要能意识到自己的言语和行动的意义，想象出他人如何感知这些言语和行动。符号相互作用论还认为，为了顺利地实现群体内的相互作用，个人还必须了解群体多数成员对他的态度。

（二）场合交往论

场合交往论认为，交往中的个体行为受两个因素影响：其一是交往者怎样认识自己所面对的交往情景；其二是交往者怎样认识自己的交往行为。在这个认识的基础上，个体对他人施予的刺激做出应答性的反应，采取适当的交往行为。它强调特定的情景、特定的场合、特定的人，并由此推演出特定情况下"对情况的解说"；或是由于"主角的观点而产生的行为所构成的情景"，"在情景下产生的行为"等。所以场合研究的基本单位是行动。

（三）自我呈现论

自我呈现也称为印象管理，是人们运用多种策略控制和把握自己外在形象的理论。也就是说，在不同的人际交往和公众面前，人们总是对不同的人展现不同的自我，以便给他人留下最佳印象。

戈夫曼（E.Goffman）认为，每个人都在向他人表演自己，每个人总试图在社会情境中给他人保持适当的印象，以求得肯定的评价。社会生活也要求每个社会成员通过合适的自我呈现，给他人一个可接受的角色形象。因而，每个人都可能有许多方式（其中有些方式是无意识的）来控制别人对自己的印象；每个人都有自我呈现的范围和策略，期望在社会活动中通过适当的调节，保持良好的印象。例如，一个人会在社会场合避开某些话题或活动，因为如果他不这样做，就会给别人一种其他的印象，这是与他对自我的定义相违背的。他会以这种方式操纵情境，使他的自我得到满足。

斯奈德（M.Snyder）把自我呈现的概念扩展为"自我监察"。他认为，人们是通过自我监察来控制言语和非言语的自我呈现。自我监察有度的差异。高度自我监察者（懂得自我呈现的人）会管理和控制自身的语言和非语言行为，做出与情境一致的反应，这种人随情境变化而变化，因而态度与行为的关联程度较小；相反，自我监察程度低的人，就不能很好地呈现自我，不大会随情境做出不同的反应，他们的态度与行为往往是一致的。

（四）社会交换论

社会交换论是一组解释人际交往活动规律的理论。其思想基础是行为主义心理学的强化原则、经济学原则和对策论思想。一般来说，社会交往理论是与霍曼斯（G.C.Homans）的研究工作有关的。他于1961年正式提出了社会交换理论。这个理论的主要观点如下：第一，人际交往活动具有社会性；第二，各种交往关系都会涉及谋划者的报酬和代价；第三，交往中存在着一种"分配上的公平"原则，这是与他人交往活动后的心理体验。

人际关系的影响因素

人际关系是影响孩子心理健康的主要问题之一，也是影响心理健康的关键因素。人际关系是否健康主要受到人格特质、自尊水平、父母教养方式、心理弹性等因素的综合影响。

一、家庭教养方式

（一）概念界定

南希·达林（Nancy Darling）等人认为家庭教养方式是父母传达给儿童的态度以及由父母的行为所表达出的情感气氛的集合体。父母的教养行为既包括父母履行其职责的专门的目标定向行为，又包括非目标定向的教养行为，如姿势、手势、语调的变化或是情绪的自然流露。

鲍姆林德（Baumrind）受社会学习理论、生态学和家庭系统理论的影响，认为在家庭教养方式中应包含两方面的内容：一是父母对儿童所做要求的数量和种类；二是父母对儿童行为的反馈。

（二）家庭教养方式的四种类型

1. 权威型教养方式

这是一种理性且民主的教养方式。权威型的父母认为自己在孩子心目中应该有权威。但这种权威来自父母对孩子的理解与尊重，来自他们与孩子的经常交流及对孩子的帮助。父母以积极肯定的态度对待儿童，及时热情地对儿童的需要、行为做出反应，尊重并鼓励儿童表达自己的意见和观点。同时他们对儿童有较高的要求，对儿童不同的行为表现奖惩分明。这种高控制且在情感上偏于接纳和温暖的教养方式，对儿童的心理发展有许多积极影响。这种教养方式下的儿童独立性较强，善于自我控制地解决问题，自尊感和自信心较强，喜欢与人交往，对人友好。

2. 专断型教养方式

专断型父母则要求孩子绝对地服从自己，希望子女按照他们为其设计的发展蓝图去成长，希望对孩子的所有行为都加以保护监督。这一类也属于高控制型教养方式，但在情感方面与权威型父母有显著的差异。这类父母常以冷漠、忽视的态度对待儿童，他们很少考虑儿童自身的要求与意愿，对儿童违反规则的行为表示愤怒，甚至采取严厉的惩罚措施。这种教养方式下的学前期儿童常常表现出焦虑、退缩和不快乐。他们在与同伴交往中遇到挫折时，易产生敌对反应。在青少年时期，在专断型教养方式下成长的儿童与权威型相比，自我调节能力和适应性都比较差。但有时他们在校的学习表现比放纵型和忽视型教养方式下的学生好，而且在校期间的反社会行为也较少。

3. 放纵型教养方式

这类父母和权威型父母一样对儿童抱以积极肯定的情感，但缺乏控制。父母放任儿童自己做决定，即使他们还不具有这种能力，例如，任由儿童自己安排饮食起居，纵容儿童贪玩、看电视。父母很少向孩子提出要求，如不要求他们做家务事也不要求他们学习良好的行为举止；对儿童违反规则的行为采取忽视或接受的态度，很少发怒或训斥儿童。这样教养方式下的儿童大多很不成熟，他们随意放任自己，往往具有较强的冲动性和攻击性，而且缺乏责任感，合作性差，很少为别人考虑，自信心不足。

4. 忽视型教养方式

这类父母对孩子既缺乏爱的情感和积极反应，又缺少行为方面的要求和控制，因此亲子间的互动很少。他们对儿童缺乏最基本的关注，对儿童的行为缺乏反馈，且容易流露厌烦、不愿搭理的态度。如果儿童提出诸如物质等方面易于满足的要求，父母可能会对此做出应答；然而对于那些耗费时间和精力的长期目标，如培养儿童良好的学习习惯、恰当的社会性行为等，这些父母则很少去完成。这种教养方式下的儿童与放纵型教养方式下的儿童一样，具有较强攻击性，很少替别人考虑，对人缺乏热情与关心，这类孩子在青少年时期更有可能出现不良行为问题。

（三）父母教养方式对人际关系的影响

有研究表明，父母给予子女更多的理解和情感上的包容和关心，避免严厉惩罚，避免干涉过多并且能在与子女互动过程中承认自己的错误等都有助于子女人际关系的良好发展。具体说来，越是科学的民主的教养方式越是有利于孩子人际关系的发展，越对其人际交往能力的发展有帮助。比较典型的是权威型家庭教养方式，在此类教养方式下成长的孩子人际关系更加良好，心理健康程度也更高。

1. 在权威型家庭教养方式生活下的孩子经常得到鼓励和适当的帮助，而不是包办；他们被允许有自己的独到见解，但并不是天马行空，而是在父母的帮助与解释下，在一定的原则背景下，既不过度也不过于拘束；这样的孩子几乎所有的时间都处在公正、温和、合理的环境下，交往环境自然也很合理和科学，于是他们具有较好的交往态度以及能力，也就不足为奇了。

2. 在权威型家庭教养方式生活下的幼儿较其他三种方式下的幼儿有"安全感"，他们不必担心交往中可能遭受的失败和挫折，自信心较强；与放任型教养方式下生活的幼儿的过度莽撞又有区别；他们不像放任型方式下的幼儿面对挫折时那样无所适从。因为他们经常受到鼓励，并能得到合理的解释，可以应对失败和挫折。

3. 权威型家庭教养方式有个"度"的把握。较为适中，不激进也不温暾。一切都有标准和道理。这样可以使孩子懂得人际交往中也需要把握一个"度"，既不会莽撞而行，也不会"望而却步"。

二、心理弹性

(一) 概念界定

在人的心理发展中存在这样一种现象,即个体经历严重的压力和逆境,但其心理功能及其发展并没有受到损伤性影响,心理发展依旧良好,甚至更好,这就是心理弹性。

心理弹性主要指以下三种情况:一是曾生活于高度不利环境的儿童战胜了逆境,获得了良好的发展结果;二是儿童虽然仍生活在不利环境中,但能力不受损害;三是指儿童能够从灾害性事件中成功地恢复过来。

心理弹性既存在个体先天生物特质的差异,也受到后天环境、教育与训练的影响。一般来说,心理弹性与适应性呈现为一种正相关,即弹性越大,表明个体对外界环境的调控能力越强,适应性水平越高。一个具有较高心理弹性水平的个体,表明其在认知、情绪激活、应激方式以及人格特质等方面的综合品质均达到了对外界环境的最佳匹配、调控与适应,且能够以最有效的途径外化出来。因此,从一定意义上讲,个体心理发生、发展的过程,既是其心理弹性不断增强的过程,也是其社会化和社会适应水平日趋提高与完善的过程。

(二) 心理弹性的主要特征

心理弹性的特性综合体现在主体的适应性上,该适应性是主体通过有意识的调节和控制以达到对客体的一种良性适应,这是心理弹性的本质所在。

1. 意识性

心理弹性是主体之于客体的一种特质表现,它表明主体是有意识地接受并反映外界客观刺激,在主观上呈现一种积极的和主动的状态。

2. 互动性

心理弹性是主客体交互作用的结果。它一方面受主体外因素制约;同时又能动地反作用于客观刺激,并随该刺激改变而改变,在动态变化中达到对外界环境的有效调控与适应。此外,主体在反映客体过程中,其内部各心理要素间也处在一种联系和互动状态中。

3. 整合性

心理弹性不仅是主体心理上的反应，而且是行为上的应答，是主客体交互作用过程中主体心理及外化（行为结果）的一个完整的连锁结构。

4. 差异性

个体在反映客观刺激的过程中，其心理弹性不会固化不变，它同样会出现强度、平衡性及灵活性等方面的特点，且因主客体间的性质不同，作用方式不同，该特点也会有所不同，即呈现出较鲜明的差异性。

（三）心理弹性对人际关系的影响

诸多实证研究显示，那些曾经经历严重压力或逆境的儿童，大多数在长大后会存在明显的心理社会功能问题。更有数据显示，即便儿童期经历了严重压力或逆境，到成年期出现明显心理行为问题者亦不会超出半数。而具有良好心理弹性的儿童，当他身处逆境时会主动寻求帮助和支持，如建立良性的人际关系，在陌生情境中寻求信任型人际关系发展以及向他人求助，相比那些缺乏心理弹性的儿童，心理弹性好的儿童往往与成人关系更为紧密，更受同伴欢迎，有更好的人际关系和更大的社会支持网络。

三、人格特质

（一）人格特质

人格特质是指，组成人格的因素中，能引发人们行为和主动引导人的行为，并使个人面对不同种类的刺激都能做出相同反应的心理结构，并且在不同的时间与不同的情境中保持相对一致的行为方式的一种倾向。

早在1921年心理学家荣格就采取科学方式把人分为直觉型（intuition）、思考型（thinker）、情绪型（feeler）和感觉型（sensor）等4种。此后心理学家便创造出各种不同的行为模式，有些细分为16种或更多种类型。

近年来，学术界达成了共识，把人格特质分为5类，即人格的大五模式，这被称为人格心理学中的一场革命（Golderg，1992），研究者通过词汇学的方法，发现大约有五种特质可以涵盖人格描述的所有方面。大五人格（OCEAN），也被称为人格的海洋，可以通过NEO-PI-R评定。

1. 外倾性（extraversion）：好交际对不好交际，爱娱乐对严肃，感情丰富对含蓄；表现出热情、社交、果断、活跃、冒险、乐观等特点。

2. 神经质或情绪稳定性（neuroticism）：烦恼对平静，不安全感对安全感，自怜对自我满意，包括焦虑、敌对、压抑、自我意识、冲动、脆弱等特质。

3. 开放性（openness to experience）：富于想象对务实，寻求变化对遵守惯例，自主对顺从。具有想象、审美、情感丰富、求异、创造、智慧等特征。

4. 随和性（agreeableness）：热心对无情，信赖对怀疑，乐于助人对不合作，包括信任、利他、直率、谦虚、移情等品质。

5. 尽责性（conscientiousness）：有序对无序，谨慎细心对粗心大意，自律对意志薄弱，包括胜任、公正、条理、尽职、成就、自律、谨慎、克制等特点。

（二）人格特质与人际关系

个体的人格特质和其人际关系有密切的关系。人格是个体在适应环境的过程中形成的稳定的行为和反应倾向，被认为是促使个体适应环境的结构性差异，而人格的差异又会将个体人际关系的呈现多元化。

有研究发现，在人际关系中，女生提供情感支持和自我袒露的能力显著高于男生，女生也更为强调双方的支持以及关系的亲密性，更为关注情绪情感的分享。这样的区别和男女两性与生俱来的差异有关。此外，也和社会环境对两性的要求、对性别角色的规范不同有关，父母、教师对男女性的要求的不同，导致男生会较少表露个人信息。孩子从拥有父母关怀的非留守儿童变为由监护人看管或独自生活的特殊留守儿童，从小学升入初中，变为高年级的孩子。这两种转变不仅仅是身份的转变，也是生活环境的转变，这种转变必然给孩子带来情感上的新体验，但初到一个较为陌生的环境，彼此不熟悉，这时候，不同人格特质的孩子会用自己的方法建立人际关系。那些不喜欢主动发起交往的孩子相较于主动的孩子更难建立良好的人际关系。而在家庭中，突然的环境变换和成年人与孩子的天然代沟，也使得人际关系很难正常发展。

四、自尊

(一) 自尊

什么是自尊，国外学者基本倾向于认为自尊属于自我系统中的情感成分，是对自我评价性和情感性体验。国内学者也普遍认同这一观点。张文新认为，自尊是指个体自我评价的结果以及由此而产生的情感。魏运华认为，自尊是人们在社会比较过程中所获得的有关自我价值的积极的评价和体验。从以上总结看，虽然概念不一致，但是国内外学者基本上认为自尊是一种自我的评价，是一种情感体验。

青少年期是自我发展的关键期和转折期，青少年的自尊发展对个体整个自我系统及心理发展具有重要意义。自尊作为具有中介作用的人格变量，对情感、动机、社会适应性行为、认知活动及品德等有着重要的制约作用，它的发展有助于个体心理健康和良好个性的形成。据发展生态学理论，青少年自尊的发展与他们所处的关键环境是分不开的，家庭中的父母、学校中的教师、同伴团体中的朋友等都会对他们有影响，即自尊的发展离不开人际关系，而这些人际关系对自尊产生不同的影响。反过来，自尊也影响人际关系的发展。

(二) 自尊与人际关系

家庭和学校是留守儿童主要的活动场所，相应地，同伴关系、师生关系、亲子关系是留守儿童的主要人际关系。

1. 同伴关系

同伴关系，这种在与同龄人或心理发展水平相当的个体交往过程中建立和发展起来的人际关系，对儿童与青少年发展具有无法取代的独特作用和重要价值。研究发现，能从中获得满足的同伴关系会促进儿童的自尊发展，个体在同伴中的社会领导性，对同伴的敏感，都有助于个体自尊的发展，而同伴的攻击破坏则阻碍自尊的发展。受同伴欢迎，在同伴中具有一定"地位"的孩子，其自尊水平较高；对同伴的失败和痛苦具有同情心，对同伴的成功和喜悦感到高兴的儿童，其自尊水平也较高；而那些对同伴具有攻击和破坏性的儿童，其自尊水平较低。同时，自尊水平的高低也直接影响个体的社交类型，影响个人的人际关系的发展。

2. 亲子关系

青少年时期是个体心理逐渐成熟、个性逐渐完善的关键时期，学生在成败体验的基础上逐渐形成自我概念，自尊水平则反映了学生对自我价值和自我接纳的载体感受程度。在诸多影响自尊的因素中，家庭因素是形成个体差异的最初来源，其影响最大。国内外研究指出，在同情、支持与合理的家庭氛围中成长的儿童，其个性发展都较好，而那些来自专制、矛盾多和冲突多家庭的儿童一般都存在较大的压力，处于低自尊水平，容易出现个性和行为方面的问题。

家庭关系的和谐与否直接影响孩子自尊的发展。留守儿童的亲子关系有很大的特殊性，孩子仅仅和父或母一方一起生活，或跟随祖父母或外祖父母，或由亲戚做监护人一起生活，甚至独自生活。在这种条件下，家庭亲子关系势必不健康，自尊发展受到影响后，又进一步作用到人际关系，家庭成员之间少有交流和互动，即使一方作出努力，另一方也不得要领，久而久之对交流失去欲望，使得孩子对家庭、父母或监护人、自己都呈现消极的认识。

3. 师生关系

孩子在学校除了和同龄人交往还和老师交往，学校教育对孩子社会交往行为的影响是显著的，其中教师对孩子的人际交往关系有着一定程度的影响。受信任的、受重视的孩子就与老师有更多的积极情感交流，自尊发展更好，在班级中也更有权威性，能够吸引更多的孩子亲近他，能够形成积极的情感体验，发展良好的个性品质，形成较高的社会适应能力；不良的师生关系可能使儿童形成消极的情绪体验，如孤独、退缩、不合群、攻击行为、与教师和同学关系疏远，影响其课业成绩和心理健康。

留守儿童在人际交往中的问题

留守儿童家庭环境的特殊性导致了他们在人际关系的发展上或多或少有困难，而人际关系的发展直接关系到孩子能否健康地成长。

有记者在徐州市铜山区房村镇鹿台村采访时见到，7岁的刘梦晴正在和同伴们搭积木，8岁的哥哥刘少龙盯着电视机看动画片，60多岁的爷爷则在一边忙农活。

"暑假怎么过啊？"面对记者的提问，刘梦晴想了好一会儿才回答："写完作业看电视，看完电视捉迷藏。""除了这些呢？"看了看同伴，小刘露出少有的笑容："没了。"一旁的爷爷责怪道："一天到晚就知道到处跑"。

当问到是否想爸妈时，刘梦晴看了看爷爷轻声说道："想，他们回来会给我买好吃的。"但是，小刘的父母在外打工，每年就春节回来，平时十天半月才能打个电话回家。

"过完年，爸妈就到无锡打工去了。"暑假过后就读小学2年级的刘佳慧说，今年"五一"，她特地走了几里路到姑姑家，通过QQ与爸妈视频聊天。"孩子大了，想法也多了，心里有'疙瘩'有时也不告诉我们。"奶奶谢书青感叹道，"照顾孩子责任大啊。"

隔代抚养重视是否吃饱穿暖，却忽略沟通交流，留守儿童的心理问题长期得不到疏导。大学生村干部郭昊承刚到鹿台村工作时，家访发现有个小孩父母离异，爷爷奶奶外出做零活，小孩一个人在家看电视。"小孩与人交流时，流露出很强的惧怕感。"

在上述案例中，7岁的妹妹和8岁的哥哥性格孤僻，对外来人的到访表现出抗拒与惧怕；在家中，他们和祖父母间的交往沟通也较少；很典型地呈现出孤独、退缩的状态。

许多典型的个案和描述型研究都指出留守儿童缺乏来自父母与完整家庭的亲情呵护，在一定程度上造成了留守儿童的人际交往问题。

一、孩子与父母的沟通问题

留守儿童和父母的联系方式主要以打电话为主，其次采用短信联系，或节假日父母亲回家看望，但也有少数孩子从不和父母联络沟通。能够和孩子天天联系的父母很少，多数外出的父母和孩子每周联系一次，单亲打工的父母联系的频率更低，两周以内与孩子联系一次，其中母亲外出打工的联系频率更低。有研究表明，父母都在外打工的留守儿童比单纯父亲或母亲一方在外打工的留守儿童表现出更多的孤独与郁闷感（孤独、郁闷、不快乐、无交流）和需求缺失；母亲在外打工的孩子比父亲在外打工的孩子表现出更多的亲情梦。可见母亲是儿童的情感支柱。

二、寄养和隔代抚养的人际交往问题

寄养或隔代抚养的监护人与儿童的心理距离远远大于一般的家庭"代沟"。父母在抚养儿童过程中既包含严与爱，又包含亲与情，在交往中有教育。而隔代监护人更可能有溺爱、放任的双重危机。寄养监护人常让儿童有不够亲近、把自己当外人看待或受歧视、寄人篱下的感觉。这两类监护人与儿童的交往存在严重的危机，无法弥补或替代亲情交往。另外，儿童单独在家有安全危机，还有担忧、失眠、生活无人照顾、受到不三不四的人侵扰、与不良行为的人交往和自暴自弃等危机。留守儿童难以形成健康、良好的交往能力和品质，在正常的社会交往方面容易表现出诸多的偏差。

（一）和祖父母或外祖父母一起生活的孩子

第一，老人年迈，没有父母那般精力和能力来照顾孩子，主要保障孩子的吃和穿等最为基本的生存要素；第二，老人和孩子年龄差距太大，不懂得如何与孩子沟通，不知道怎么引导孩子的正常交往兴趣和规范孩子的交往行为；第三，通常老人说话唠叨，孩子难以听进去，会产生逆反心理；第四，老一辈的价值观也难以让孩子认同，他们无法进行深度的交流。在这种境况下的孩子，当他有心里话需要人倾听时，往往不能得到满足，孩子会感到孤独、郁闷，长此以往，孩子在遇到问题后就会放在心里，封闭自己，不和他人交流，和（外）祖父母关系就会仅仅止于吃穿用度等事，日渐消沉和麻木。

（二）寄养在姑姑、姨妈、舅舅、叔叔等亲戚家

寄养在亲戚家对留守儿童的人际交往也会产生不良影响。亲戚多将"养育"的责任转化为"监管"的任务，多重视孩子的安全、学习而忽视孩子社会交往等方面的发展；此外，孩子在亲戚家中有寄人篱下的感觉，

很难找到归属感、认同感，说话做事看脸色行事，缺乏良好的沟通氛围，很难表达自己的真实感受和需求。

三、学校中留守儿童的交往问题

（一）老师与留守儿童的关系

学校老师并没有因为留守儿童父母不在身边而对他们特别关注；相反，有一些老师认为，父母外出的留守儿童多是"问题学生"，是学校的"一块心病"，他们多采用一种"只要不出事，遵守学校的纪律，你想怎么就怎么"的忽视和放任的管理方式。

（二）同伴关系

大多数留守儿童羡慕非留守儿童的家庭，在交往时，有着"低人一等"的自卑感。许多留守孩子不会和非留守孩子交心，而选择和自己的同类交往。这样一来，这个群体中的孩子都是没有父母监管、引导的，留守儿童过度自由，在社交中带有一定的盲目性、随机性和冲动性，极易流入一些社会闲杂人群中，形成不良的行为习惯，这对他们的正常发展和社会化发展极为不利。

健康人际关系的培养

培养良好的人际关系对个体心理健康有着积极意义。积极互动的人际关系是孩子展现自我、了解他人的重要方式，不仅能够和他人建立良性关系，也能促进自身的发展。留守儿童特殊的生活环境与生活方式，使其在进行积极的人际沟通并建立良性的人际关系时，要注意以下几个方面：

1. 一个家庭应尽可能避免父母双方均外出打工，母亲对孩子交往与情感的影响更大，母亲应尽量留在家中照顾孩子。父母在外应多和孩子沟通交流，频率应该保持在一周一次电话联系，辅助其他联系方式，如书信、电子邮件、短信或其他网络通信方式，沟通内容应当多方面，不要仅仅局限于孩子的学习、吃穿用度等内容，应更多地和孩子交流生活中的琐事与烦恼。此外，父母也要及时与监护人和老师沟通，了解孩子的动态。

2. 农村中小学教师应增加对留守儿童的关心呵护，增强责任感，不要一味将他们当作特殊的"问题儿童"对待，多在班级中开展丰富多彩的活动，促进同学间的交流。

第 8 章

留守儿童学习问题

工人日报曾报道，在一所农村中学任教的张老师反映，她的班上有超过一半的学生是留守儿童，父母至少有一方在外地务工。张老师坦言，这个年龄段的留守孩子普遍学习自觉性不高、成绩不佳。

更令张老师忧心的是，她感到这些留守儿童父母对孩子的关心并不是"真的"关心："只是表现在关心考试考得怎么样。"

学习是一种获得知识和掌握技能的过程，在日常生活和实践中，我们通过接受教育和训练的方式获得所需要的知识和技能。

儿童期是个人成长的关键时期，儿童在其成长过程中需要不断学习才能逐渐社会化，而家庭则是儿童学习的第一环境。以往大量研究表明，儿童无论是在学习方面还是生活方面，都一定程度地受到父母和家庭的影响。正处于心理发育的重要阶段的留守儿童，本应得到父母合理教育以掌握各种学习与生活技能，如果长期与父母分离、疏于沟通会对其学习生活产生怎样的影响？这就是本章要解答的问题。

学习心理概述

当今社会，父母和老师最为关心的问题就是孩子的学习问题。在今天我们营造的这个"学习化社会"中，孩子的学习问题一直困扰着无数家长和老师，孩子爱玩的天性和孩子厌学、焦虑的情绪也一直是父母最为关心和头疼的问题。我们知道，人的学习是一种有目的的、自觉的、积极主动的过程，心理过程更是一种复杂的、延续性的过程，在分析孩子学习问题之前我们有必要对学习以及学习心理的概念、过程进行简单的介绍，以便在后面的章节中更容易理解和掌握孩子包括留守儿童所出现的种种学习问题。

一、学习的概念

学习是一种有目的的、自觉的、积极主动的过程，也是获得知识和掌握技能的过程，它既包括通过正规的教育和训练获得的知识技能，也包括日常生活和实践中积累的知识经验。现实中我们对学习的界定也有所不同，广义的学习可以是主体接受一切外部知识而产生的内部接受和适应的过程，狭义的学习则是限定在学校里的学习，是儿童接受学校教育、学习书本知识而不断积累和增进的过程。在对学习的研究和定义中，行为主义者对学习做出这样的定义，他们认为学习是由经验引起的个体行为的相对持久的变化。但是有学者对这个定义产生疑问，首先在时间上究竟多久才算"相对持久"？其次，定义中提到的变化是神经系统的变化还是原本不能引起反应的刺激具有了可以引发反应的能力？因为存在这些疑问，很多学习理论者便试图从学习的内在过程着手，对其做出解释。有学者从认知心理学的角度认为学习是人认知能力的变化过程，这种变化能够持续但又不能简单归因于成长的过程，这种观点实际上是用内部的变化来定义学习。而在我国学者张大均教授的教材中，他对学习做出这样的定义，他认为学习是因经验而使行为或行为潜势产生较为持久改变的过程。

通过以上对学习的定义我们可以看出学习不是一种本能的活动，而是由经验和实践引起的后天积累的过程。本能的变化需要千万年的演进，而学习的变化有时只是几分钟的顿悟。一般情况下，我们都认为不管是什么方式的学习都将引起行为上的变化，只是有的表现在外在行为的变化，有的则表现在个体内部知识的改组和重建。但是，根据认知心理学的理论，一些形式的学习不只是行为的变化，而且一定能够被解释为心理过程的变化。因此在孩子的学习过程中出现的学习问题并非都是外部因素，而是心理因素。

二、儿童学习的特点

在介绍完学习的本质及概念之后，我们需要对儿童学习的特点进行简单了解。在孩子的学习过程中，学习的内容不仅包括知识和技能，还包括品德及行为习惯。大量研究表明，儿童的学习具有以下特点：

1. 由于儿童年龄的特殊性，他们的学习既有个人主观能动的一面，又要受外界监督和教育的影响，具有主动性和被动性相结合的特点。

2. 儿童的学习过程大都是按照规定的、相对统一的教学计划在学校环境中进行的，但是儿童学习目标、学习动机并没有明确的主观判断，需要老师及家长的配合与引导。

3. 儿童不仅需要学习各学科的文化知识，还要学习怎样做人等一些生存技能。

根据以上三个特点的介绍，我们能够很明确地看到家庭环境及父母的教育对儿童学习有很大的影响。

三、学习心理的概念及影响因素

人的心理活动是一种极其复杂的活动，是人脑对客观世界反映的过程。目前学术界对心理活动的解释众说纷纭，一般认为心理活动可分为三个方面：认识过程、感情过程和意志过程。这些心理活动人人都有，属心理活动的一般规律。除此之外，还有因人而异的能力、性格、气质等个性心理活动，可称之为心理活动的特殊规律。学习心理也受到这些一般规律和特殊规律的制约。

学习心理主要指学生在学习活动中表现出来的心理过程和个性心理特征。心理过程包括认知、情感、意志和行动过程。感觉、知觉、记忆、想象、思维都是属于对客观事物的认识活动，都是为了弄清客观事物的性质和规律而产生的心理活动，这种心理活动在心理学上统称为认知过程。人在认识客观事物时常常会产生满意或不满意、愉快或不愉快等态度体验，这在心理学上叫作情感或情绪。除此之外，人能够在情境中有意识、有目的地支配自己的心理活动还能够根据对客观事物及其规律的认识，自觉地改造世界，根据自己的认识确定行动目标，拟订计划和步骤，克服各种困难，最后把计划付诸行动，这种自觉地确定目标并力求实现的心理过程，叫作意志过程。认识、情感、意志行动这三个心理过程是相互联系、互相促进、统一在一起的。在学习过程中，儿童的学习心理是影响学习的重要因素。在学习过程中，儿童表现出来的对学习的认识、学习过程中的情感以及意志行动都是影响儿童学习的关键因素。总结学习心理的影响因素，我们可以将其归结为学习动机与学习心理状态两方面。

学习动机是唤起人们进行学习活动的内在因素，是直接推动学生进行学习的一种心理动力，直接引起学生学习行为的发生。目前学生的学习动机是社会大环境的客观要求在学生心理的反映，决定了学生对学习的认识以及对学习的态度。根据成就动机论的观点，学生的学习动机很大程度上反映了父母的要求、态度和期望。因此在学习动机的明确与规划中，留守儿童相比非留守儿童更容易在学习中遇到困难和压力。

另外一个影响因素是学习心理状态，学习心理状态是指学生在进行学习活动时在强度、稳定性、持久性等方面所表现出来的特征。苏联心理学家列维托夫认为：心理状态是心理活动在某一特定时间内的完整结构。这样看来，学习心理状态也是一个完整的结构，是学生在学习过程中所表现出来的特征，如愉悦、从容、淡定、紧张、压抑等。在传统教育心理学理论中，学习心理状态是被限定在一定的范围内的，他们通常认为学习心理状态就是学习时所伴有的一些注意、动机和情绪状态，甚至认为，学习心理状态就是在学习过程中表现出的对学习的心态。显然，这种说法在现实生活中未免过于单薄，我们从更广泛的角度来看，学习者的心理状态既包括学习者从事学习活动所具备的注意状态、情绪状态、认识状态、动机状态、意志状态等一般心理状态，也包括学习活动进程中所伴随的特殊心理状态，如准备状态、接纳状态、心理反思状态等。

四、留守儿童的学习状况

在分析完学习心理的概念及其影响因素之后，我们对学习的心理过程有了大致的了解，那么留守儿童的学习是否会受到父母外出务工的影响？留守儿童与非留守儿童在学习上是否存在明显差异？国内部分学者和研究机构对留守儿童的学习情况进行了不同角度和程度的考察。为了回答这些问题，我们把近年来专家学者的研究结果呈现如下，使读者能对留守儿童的学习现状有一个整体的了解和把握。

（一）留守儿童学习成绩相对较差

华中师范大学的贾勇宏在 2006 年 4 月至 11 月以湖北的钟祥市、沙洋县、长阳县，河南的罗山县、长葛市、襄城县、禹州市，安徽省的濉溪县和潜山县共 9 个样本县（市）的 62 所中小学为对象，根据经济状况好中差的原则进行了整群抽样调查。科目成绩由样本学生任课教师依据学生的平时学习以及近期的一次考试成绩，采用优、良、中、差四级评价方式进行成绩评定。研究发现，从整体上看，留守儿童平均分都低于非留守儿童。另外一项调查是华中师范大学的王一涛在 2005 年 4 月至 12 月以湖北省英山县为研究样本（湖北英山位于大别山区，2002 年之前是国家级贫困县，现在是湖北省省级贫困县。和全国其他经济欠发达地区一样，英山人外出打工的现象十分普遍），运用"质的研究方法"，以观察、访谈等作为主要的资料收集手段，辅之以必要的问卷调查，对英山的杨柳镇河南畈小学、陈家岩小学和三门河中学进行蹲点调查，对留守儿童的学习情况进行了参与式的观察，并与留守儿童本人、留守儿童的父母、留守儿童的监护人和老师进行了多次深入访谈。调查结果发现，从考试的名次来看，就总体而言，留守儿童的学习成绩比非留守儿童要相对差一些。

（二）出现"反学校文化"的行为和情绪

留守儿童大多还处于九年义务教育阶段，行为上还处于他律阶段，需要必要的监督和管教。而留守儿童由于父母不在身边，缺少行为上的约束管教和正确引导，使他们极易滋生一系列的"反学校文化"的情绪和行为。据调查，有不少留守儿童在学习期间出现逃学、撒谎、打架、斗殴等不良行为，甚至还与社会上一些有不良习气的人称兄道弟。由于父母外出务工，他们在行为上出现的种种偏差，往往不能得到及时的纠正和引导。加上现在学校的升学压力比较大，教育观念还相对落后，学校和老师更容易把关注的重点放在所谓的好学生身上，对这些学习落后的留守儿童往往缺少关注和耐心。在这种不良互动中，他们很容易对学习产生抵触情绪，失去学习的兴趣。

（三）留守儿童学习辅导情况不佳

在家庭中，父母一般都是孩子学习的监督者和辅导者。留守儿童由于父母外出务工，学习上便缺少了一个相当重要的辅导者。从留守儿童在父母外出前后的学习辅导情况对比来看，很多孩子的辅导者出现了变化，甚至有的孩子出现了辅导者空缺的状况。调查发现，在父母打工之前，儿童学习的辅导者一般都是他们的父亲、母亲或哥哥姐姐等，尤其是父亲居多，父亲成为孩子学习的最主要辅导员，这与农村中男性文化程度普遍高于女性的现状有一定的因果关系。但在父母外出打工后，"母亲辅导"、"哥哥姐姐辅导"的儿童人数增加，甚至还有相当一部分的儿童表示"虽然自己需要，但没人辅导"。中国农业大学叶敬忠教授等人从社会学的视角，选择了陕西、宁夏、河北和北京地区的10个村庄（农村社区），研究了留守儿童在父母外出打工后的学习现状及变化情况。这项研究发现，父母外出务工在不同程度上影响到了留守儿童的学习辅导与监督情况。

以上这些研究大多是以我国四川、湖南、湖北、河南等劳动力输出大省的留守儿童为研究对象，他们得出的结论大致如下：父母外出务工后，多数留守儿童得不到及时的关爱与呵护，在学习、生活中不能及时得到沟通、交流与辅导，加上多数监护人由于种种原因对孩子的监管无力，留守儿童大多学习滞后，学习目的不明确，学习动机极端，并且很多留守儿童还产生了读书无用的想法。

留守儿童常见的学习问题

在对留守儿童学习心理进行概述之后,我们对留守儿童的学习情况和学习心理的过程有了一定的了解,也就更容易理解和分析留守儿童出现学习问题的原因了。在这一节中,我们将具体介绍留守儿童常见的五大学习问题,在每个学习问题的剖析之前我们会给出几个案例供读者参考,以便读者在学习的过程中更容易理解留守儿童的心理并且能在案例阅读中进行创新性的发现。

一、自控能力差

在常见的学习问题中,自控能力差是留守儿童最突出的问题之一。自控能力又可以理解为自我控制的能力,是指一个人抑制自己情绪、感情或欲望的能力。自控能力也是一种意志力,是一种自我调节机能的表现。学习自控力是学生为实现学业目标,在学习过程中,自觉按照社会要求和一定的内在标准对自己的欲望、行为加以控制的能力。自控能力是儿童学习过程中很重要的一种能力,是儿童在学习过程中克服困难、战胜自我的保证,它是一种成熟的表现,在学习中没有自控能力便不易形成良好的学习习惯,很容易在学习中失去方向。那么为什么留守儿童会出现自控能力差这一现象呢?我们将主要从留守儿童的监护情况进行分析。在分析之前,我们先看几个案例。

【案例1】

刘想,男,11岁,小学四年级。从小与爷爷奶奶生活,有两个兄妹,父母都外出打工,一般两年才回家一次。李想的父亲是初中文化程度,母亲和爷爷奶奶文化程度不清楚,父母外出打工,一般通过写信或打电话的方式了解其学习情况。刘想是个典型的学困生,成绩很差,一般都在班级排名倒数,平时上课不认真听讲,作业总是不能按时完成,多数时候是不交作业,课后作业完成的时候更是少之又少。爷爷奶奶说,孩子一放学回家饭都不吃就跑出去和其他孩子玩,天黑还不回家,叫也叫不回来,偶尔待在家里也是看电视，让他做作业，不是不听，就是敷衍了事。有时训斥他，他也答应坐下来学习，但是不出五分钟便坐立不安，自控能力极差。爷爷奶奶拿孩子没有一点办法。李想在学校上课也总是有小动作，根本不安分，老师叫家长来，爷爷也没办法，说孩子爸妈不在家，我们不识字什么都不懂，老师多操点心。久而久之，学校老师也对他不管不问，任他发展了。

【案例2】

王一，女，13岁，小学五年级。家中三个孩子，王一有一个姐姐，一个弟弟。父母亲外出打工，寄养在叔叔家。父亲文化程度为高中，母亲是小学三年级学历，叔叔初中文化程度。王一的成绩在班里属于中下等，叔叔说，王一上小学一二年级时学习很好，比较听话，字写得也规范。但到了三四年级，也就是孩子母亲随父亲一起出去打工那两年，她作业开始写得不认真，字也写得特别潦草，还经常完不成作业。她现在上课还喜欢说闲话，根本不听讲，学习成绩也下降了很多，目前是班里的倒数第三名。这个孩子非常内向，说话声音很小，很腼腆。上课的时候很少用心听讲，总是做小动作，老师问个问题要么不说话，要么说的什么都听不到。一批评她，她就撇撇嘴耸耸肩，满不在乎的样子。

通过以上两个案例，大家可以分析一下为什么这些留守儿童的自控能力较差，学习成绩下降。在以上的两个案例中，我们可以发现留守儿童在父母外出务工之后其监护人发生了变化，刘想是交给爷爷奶奶照顾，而王一是借住在叔叔家。我们知道学习心理过程是一个包括认知、情感和意志的过程。意志是人在行动中自觉地克服困难实现预定目标的过程，包括自觉性、自制性和坚持性等，是提升自控能力的重要因素。在儿童时期，孩子的这些意志品质总体水平都不高，他们的天性就是好玩。在这种情况下，他们很难有较强的自控能力去克服学习中的困难，完成教师布置的作业和分配的其他任务，这时就需要教师、父母给予必要的监督，但农村留守儿童却缺少了父母这一重要的监督来源。

监护人对儿童学习上的主要作用之一就是对孩子学习过程的监督，包括按老师要求在孩子的作业本上签字、督促孩子及时完成作业、保证孩子不要迟到和旷课等。而留守儿童的监护人有两种情况，一种是隔代监护，如刘想，负责照顾孩子的爷爷奶奶由于存在一种天然的血缘、亲缘关系，对孩子更是溺爱有加，在监护和管教时，他们较多采用溺爱的方式，尽量在物质、生活上满足，而缺少学习和意识上的管束与引导。他们对于孩子的需要不加区分地有求必应，有时明知孩子做得不对，大多也是认为孩子年龄小，采取一种宽容甚至放任的态度。由于祖辈与孙辈存在着较大的年龄差距，"代沟"非常明显，同时作为祖辈的一代人大都受教育程度不高，多数是文盲，很多孩子通常"伪装"成在看书学习的样子来骗得祖辈监护人的信任，而老人们往往并不知情，以为孩子在认真读书。对于这种情况，老人们也觉得很无奈，"学习只能靠他自己，我们也没有办法"，"自己不识字，孩子的书本看不懂，也不知道他在那里学没学习"。因此，无论是在体力还是智力上祖辈都无法承担起对孙辈的监护和养育重任。当孩子在学习上需要帮助和辅导的时候，他们往往不能胜任，并且他们对儿童学习监督的权威性也远不如儿童的父母，在面对留守儿童不做家庭作业或不完成教师布置的其他任务时，他们的管教往往得不到孩子的认可。

而另一种监护情况是上代监护，上代监护即指由与孩子父母同辈的亲戚朋友来监护的方式，如案例中的王一。虽然亲戚朋友对孩子也非常关心，但他们的关心也是体现在物质上，而对孩子行为习惯的养成、心理和精神上的需要却较少关注。因为，亲戚朋友也有自己的顾虑，毕竟不是自己家的孩子，过多过严的管教反而把亲戚朋友的关系弄僵了，因此，他们大多认为只要物质上不亏待孩子就行。这种"物质放任"的管教方式极易形成孩子我行我素和任性的心理特征。

通过以上分析我们发现，留守儿童在监护方面存在的这些问题，使得孩子在自控能力弱时得不到及时的帮助，很难在学习中形成自觉的、主动的、良好的学习习惯。著名教育家叶圣陶说：凡是好的态度和好的方法，都要使之化为习惯。只有熟练得成了习惯，好的态度才能随时随地地表现，好的方法才能随时随地地应用。

二、学习意识薄弱、厌学

对留守儿童学习问题的考察中，我们往往会遇到一些厌学的孩子，他们对学习积极性不高、没有兴趣、没有目标，抱着一种自暴自弃的态度，认为学习是无所谓的事情，经常想要退学或者希望早点外出打工。出现这种情况的原因是什么呢？我们先来了解两个案例。

【案例1】

小楠，女，11岁，家中排行老大，还有一个弟弟，一个妹妹。从小和爷爷奶奶生活在一起，她是一个懂事、听话、朴实的小姑娘，在家中孝顺老人，在学校安静、文气，但成绩一直徘徊在中下等，任课老师说小楠听话、懂事，在学校也不惹是生非，但总觉得上课时心不在焉，作业敷衍了事，成绩一直不见好转。在对小楠的采访中，她说，父母外出打工后，弟弟妹妹的学习辅导全都压在了自己身上，感觉有些力不从心，而且爷爷奶奶年岁已高，自己除了学习之外，还要做一些家务活，有些难以应付。另外，弟弟妹妹比较调皮，爷爷奶奶说话都根本不管用，自己更说服不了他们。自己虽然年龄比他们大一些，但要一边学习一边照顾家里，实在力不从心。

【案例2】

刘辰，男，14岁，家中排行第二，父母和哥哥均在外打工，他和妹妹与爷爷奶奶生活在一起，由于爷爷奶奶年龄较大，体弱多病，家境一直较为贫寒，哥哥初中毕业便放弃学业，随父母外出打工，目前哥哥的收入是家庭经济的主要来源。刘辰在校功课较差，对学习根本不放在心上，认为学习根本没有什么用，他几乎从不交作业，上课也不听讲，经常和社会上的人交往。父母对刘辰的学习也漠不关心，他们认为孩子不是学习的苗子，还不如早日外出务工，减轻家庭压力，像他哥哥，一样没什么学历，现在也挺能挣钱。下面是摘取的与刘辰的一段对话。

问：父母和哥哥外出打工对你的生活有什么影响吗？

刘辰：有呀，他们经常告诉我大城市的生活，我也想早点去找他们。

问：你觉得好好学习能帮你早点实现去大城市的愿望吗？

刘辰：我这成绩，就没想着考学，我也考不上，我就想着赶快出去挣钱，我们村好多人，有的比我还小，都出去了。

问：父母对你的学习有什么期待和要求吗？

刘辰：不知道，他们也没怎么上过学，平时也没问过我学习的事儿，我跟他们说我不想上了，他们也没有反对。

通过以上案例，我们发现，父母外出务工对留守儿童的生活有很大的影响，对他们的观念、想法以及学习都或多或少产生影响。例如，小楠的关注点由于家务的繁多而从学习转移到家庭上，刘辰因为父母及他人的影响，对学习也有了自己的观点和看法。但他们还都是孩子，在看待问题的时候很难从长远的角度去思考，所以在这些变化的影响下他们很容易模糊自己的学习目标，淡化自己的学习动机，从而产生厌学的情绪。在这里，我们将造成这一现象的原因归结为以下两点。

（一）家务的负担占用学习时间，分散学习精力

从年龄上推算，留守儿童的父母一般都是青壮年，是各自家庭的主要劳动力，他们的外出不可避免地增加了留守成员的劳动负担。由于绝大多数留守儿童都是隔代监护，监护人往往年老体弱，和非留守儿童相比，留守儿童承担家务和农活的频率和强度都有所增加，这些负担的增加给留守儿童的生活和学习都带来了很大的影响：不但占用了孩子玩耍和闲暇的时光，也占用了他们的学习时间，学习时间的占用会使他们的学习成绩受到影响，甚至使孩子在上课时分心，无心学习。久而久之，孩子便无法安下心来，主要心思也发生相应的变化。

（二）学习动机方面出现问题

学习动机是引起并维持学生进行学习活动的内在原因，是激励、指引学生学习的强大动力。根据学习动机理论之一——成就动机论的观点，学生的学习动机很大程度上反映了父母的要求、态度、期望等。但是目前留守儿童的家庭环境实际上是"残破"的，其家庭内部亲子之间的交际更多地具有时间上的长期间断性、空间上的距离性、交往的非面对面性以及互动频率低等特点，致使亲子间的交往几乎成了一种正式的次级群体交往模式，造成了留守儿童父母成为孩子学习、身心发展事实上的"旁观者"。在这种情况下，留守儿童与父母面对面的学习交流便少之又少，父母打电话也只是简单问一些诸如"考了多少分""在班里排名多少""有没有听老师话"之类的问题，他们没有精力也没有时间来关心孩子的学习、生活

和身心发展等情况。留守儿童的监护人也常把孩子学习成绩的好坏或者进步与否作为一项重要指标来衡量自己的监护任务。在这种情况下留守儿童便很少与父母或者监护人去沟通自己的想法，难以形成明确的学习动机，反而受到父母外出务工的影响，接受"读书无用论"的思想。"读书无用论"的思想是家长外出打工时受各种环境影响所形成的一种观念，特别是当他们收入比较高或者较为成功的时候，他们便认为孩子上不上学都一样，即使学不好今后也跟父母一起外出打工挣钱，而且不读书也会为家庭省下一大笔钱，他们认为读书不但增加家庭负担而且会耽误孩子打工挣钱的时间。此外，"读书无用论"思想的出现还有一个因素就是近年来教育由"精英式教育"转变为"大众式教育"，在教育程度普遍上升的同时也使学历大大贬值。大学毕业生就业困难的现状让很多父母对读书不能形成正确的认识，一味地受"读书无用论"思想的影响，认为读书也不一定找得到好工作，如今大学生就业工资甚至还不如农民工，不如让孩子早点出去挣钱，不上学还可以找事做，还能挣钱，并且现在大学根本读不起，所以"不念那么多书简直是有赚无赔"。再加上有些孩子天性调皮、缺少耐性，父母更容易产生这种想法。这些孩子受父母影响，一旦在学习上遇到问题便自暴自弃丧失学习动力，认为父母都不重视学习，自己何必认真，不如早点出外挣钱。我们在调查中发现，很多辍学的留守儿童在谈到他们辍学的原因时，一般都认为自己不是学习的苗子，早晚也是退学，不如早点打工挣钱，还能减轻家里的负担。由此可见，父母的外出打工行为会让孩子更憧憬学校外的世界，把挣钱当成了人生的第一目标。这种情况下留守儿童很容易产生学习意识淡薄、厌学等情绪。

三、学习焦虑和考试焦虑

焦虑是一种由担忧、紧张、不安、恐惧、不愉快等感情交织在一起的复杂感受。弗洛伊德曾把焦虑分为客观性焦虑和神经症性焦虑，前者是当你面对真实环境中存在危险的一种反应，与恐惧、害怕等词相似，后者是个体内部各种矛盾交织的结果。在儿童的学习生活中，学习焦虑和考试焦虑是一种常见的心理现象，它是学生感觉到来自现实或者想象的学习或者考试情境对自己内心构成威胁而产生担忧的心理反应。那么在学习过程中，为什么留守儿童更容易产生这种焦虑情绪呢？我们还是先来看几个案例。

【案例1】

小覃，男，15岁，是一名初三学生。上初一时，他性格开朗、活泼单纯，各科成绩都还好，段考、期考总分排名总在班上中上等。上初二后，同学发现他学习比以前更加努力了，但是成绩却一直下降，原本开朗活泼的他性格上也越来越沉闷，课后也是一个人匆匆离校，很少再见到他和同学嬉笑打闹的情景了。老师也发现小覃上课时神情不安，偶尔提问，他也总是支支吾吾满脸通红，明明觉得他比以前更努力认真了，却发现考试成绩一次不如一次。老师找他谈话，他也沉默不语，感觉很难走进他的内心。后来我们在访谈中终于听到他内心的想法，原来覃同学是家里的独苗，父亲是家里的顶梁柱，母亲常年卧病在床。家人对他从来都是疼爱有加，父母对他的学习也抱有很高的期望，在初二的时候父亲外出打工，由于知道很多留守儿童学习容易下降，父亲更加担心孩子学习问题了，总是旁敲侧击地给他施加压力。有一次小覃考试失误，退步几名，父母更是紧张万分，母亲甚至声泪俱下要求小覃好好学习，告诉他说他是家里的希望，如果学不好，家庭就没有改变命运的可能之类的话。在这种情况下，懂事的小覃在学习上便产生了惧怕心理，生怕自己学不好、考不好让父母失望。背负这样的心理包袱，小覃总是心事重重，上课、考试总是紧张万分，可是越是这样，成绩越是上不去，再加上父亲不在身边，母亲又卧病在床，小覃连倾诉的人都没有，久而久之，便产生了学习焦虑，甚至一到考试便出现失眠的状况。

【案例2】

小汤，女，12岁，小学五年级学生。小汤曾经是一位品学兼优的好学生，在班里成绩总是排名前五。从小到大，父母疼爱，老师欣赏，学习上也是一帆风顺。但是，在她小学四年级的时候，父母迫于生计，纷纷去南方打工，她和奶奶生活在一起。小汤从小到大没有离开过父母，父母的突然离开，让小汤一段时间很不适应，在学校学习时也总是开小差。父母离开后的第二次考试，小汤由于发挥失常，成绩急剧下降，这对她来说简直晴天霹雳，从小没有受过挫折的她此时自责、恐惧、怀疑等情绪一起涌出，而此时的父母又不在身边，又没有很好的自我调节能力，导致对学习产生了从未有过的恐惧。越是恐惧，越是学不好，小汤原本文静的性格变得异常孤僻，焦虑情绪也就自然而然产生了。

通过分析以上案例，我们将学习、考试中出现的焦虑归结为以下两个原因。

第一个原因为学习动机方面。由于地域和城乡的差异，农村人口的生活水平、受教育环境、思想意识都相对落后于城市，留守儿童的父母在进城务工之后更能感受到这种差异，受此影响，留守儿童及其父母会对读书以及升学的理解和态度产生变化，认为读书升学是脱离贫穷走出农村的唯一道路，"高考"更是改变自己及家庭命运的"独木桥"。这就使留守儿童在学习上产生了为了父母或者家庭而学习的心态，很容易造成强大的心理压力，在学习上急于求成，就像案例中的小汤和小覃，由于父母外出打工，使得生活上一时难以适应，偶尔考试失误一次，父母便上纲上线，导致孩子精神紧张、压力过大，从而恶性循环，最后造成学习焦虑、考试焦虑等问题。

第二个原因是父母外出打工后，留守儿童与父母沟通交流的机会少之又少。前文中我们也提到，留守儿童的家庭环境实际上是"残破"的，其家庭内部亲子之间的交际更多地具有时间上的长期间断性、空间上的距离性、交往的非面对面性以及互动频率低等特点，致使亲子间的交往几乎成了一种正式的次级群体交往模式，从而造成留守儿童父母成为孩子学习、身心发展事实上的"旁观者"。留守儿童在其成长过程中不能及时排解苦闷，只能将它们闷在心里，通过其他或合理或不合理的方式发泄出去。本来，父母离开之后就是一个问题多发期，留守儿童又不能及时得到父母的开导和教育，出现焦虑问题也便可想而知了。

四、注意力不集中

注意是心理活动或意识对一定对象的指向与集中，由于这些指向和集中，人们才能够清晰地对周围现实中的一定对象做出反应。注意有两个基本特征，即指向性和集中性。注意的指向性是指在某一时刻，心理活动或意识总是选定某一对象，而离开其他对象，对选定的对象进行清晰地认知加工。注意的集中性是指在注意状态时，心理活动或意识不仅选择和指向特定的刺激物，而且能长时间停留在选定的刺激物上，以便对其做出清晰的认识和理解。而注意的不集中又可以称为注意的分散，是指注意无意识地离开当前应该完成的活动和任务，转向其他的刺激物，是由来自内外的无关刺激引起的。孩子在学习过程中，出现注意力分散、上课开小差的现象是很平常的事情，因为注意力的集中不仅和自身有关，还与外界刺激，如老师讲课内容有关，但是大量的研究表明，留守儿童注意力不集中现象较为突出和严重，我们可以从以下案例中看出。

【案例1】

小陈是一名初一的女生，从小是爸爸妈妈的掌上明珠。她文静秀气，父母对她疼爱万分，平时什么事都不让她做，只让她好好学习，在父母外出打工之前她一直过着衣来伸手、饭来张口、无忧无虑的小公主生活。但是在她初中一年级的时候，父母因为生计，纷纷外出打工，小陈便跟着奶奶生活。这种突如其来的变化，让小陈很难适应，父母不在身边，虽然奶奶也很疼爱她，但她还是不习惯。父母刚离开的几天，小陈经常上着课就流起眼泪来，课下和同学的交流也变得少之又少，对父母的思念之情随之增加。陈同学说，"现在害怕听别的同学说他们的爸爸妈妈多么好，感到别的同学好幸福"，"上次和妈妈打电话的时候，我一句话都没有说，就是哭"。老师们也反映，陈同学在父母离开后情绪一直很不稳定，上课时也时常恍惚不定，处于游离状态，有时上课提问她，她连问题问的是什么都不知道。有时她看着好像在认真听讲，其实思想早就开小差了。小陈说，她也不想这样，可是可能自己太依赖父母了，父母不在身边，很难适应下来，自己也不想上课走神，可是总是控制不住自己，对父母的思念之情始终无法排解。

【案例2】

小姜，女，初中一年级，性格内向、感情细腻，从小就依赖妈妈，妈妈走哪儿她跟哪儿，像妈妈的小尾巴一样。小时候，一会儿看不到妈妈就大哭大闹，小姜的妈妈说，孩子从小就依赖自己，小时候送孩子上学就特别难，根本送不到学校，家长一走，孩子就哭闹不止，老师都拿她没有办法。就这样，孩子到小学四年级的时候，父母纷纷下岗，经朋友介绍去福建打工。父母的离开对小姜来说简直晴天霹雳。知道妈妈要走的时候，小姜没日没夜地哭闹，挽留父母。父母走后，小姜变得更加孤僻了，每次接到父母电话就哭，缠着妈妈说什么时候回来看自己。姜同学的老师也反映说小姜在学校时很孤僻，总是沉默不语，和同学也不交流，总是一个人坐在角落里闷闷不乐；上课时也是神情恍惚，游离不定，考试成绩也一落千丈。老师找她谈话，她除了流眼泪什么话也不说，明显能感觉到孩子正经历着痛苦的煎熬。据监护人说，小姜因为非常想念父母，"每天放学后就坐在门口，希望能够看到爸妈回来"。

  以上两个案例，向我们展现了留守儿童在父母离开后所经历的心理变化和学习上的变化。由于注意力的分散与内外刺激有关，我们将孩子对父母的依赖，即对父母的思念，看作导致学习中注意力分散的外在刺激。

  前文中我们介绍过"依恋理论"。依恋理论是心理学有关儿童早期依恋的理论，"依恋"是一种依赖某人，并寻求与某人亲密的心理倾向。依照依恋理论，儿童对父母的依恋，不止是因为父母提供食物等基本生存资料，还包括与儿童的直接需要无关的一些行为。留守儿童正处于对父母的依恋期，父母的外出务工使留守儿童在心理上突然发生依恋情感的断裂，很多留守儿童一时间束手无措、无法接受并适应这种分离的变化。有调查研究表明，父母外出打工对孩子的学习确实造成了一定的影响，特别是对小学生影响更大。产生这种影响的主要因素是学习心理问题，一些留守儿童因为父母离开，在一定时期内，一般是半个月或一个月内会在学习上变得有些意志消沉，课堂听课不能集中注意力而在开小差，作业完成情况也不太好，整日处于游离状态，注意力不能集中的学习上，有些留守儿童还表现为任性、冷淡、内向、孤独。这是因为他们还处于情感、性格变化的转折时期，长期与父母分离使他们在生理上和心理上的需要得不到满足，消极情绪一直困扰着他们，使他们变得沉默、孤僻。他们承受着孤独的煎熬，盼着父母的电话而无法安下心来，在学校学习时也可能会因为思念父母而无心学习，注意力重点没有放在学习上。据有些监护人反映，当父母回来探望的时候，很多留守儿童会变得听话、活泼、兴奋；当要离别时，他们会很难过，或大哭，或讲条件，不愿分开，有时父母打电话，孩子一听电话就流泪，不停地追问父母回家的时间。这些现象均是留守儿童无法适应与父母分离的反应，在这种情绪和状态下很多留守儿童需要花一定的时间去克服和适应。在这段时间内，孩子在学习上承受很大的压力，很容易因为思念之情而影响成绩，进而因为成绩波动而更加影响心情，陷入恶性循环的怪圈，最后导致成绩下降或自暴自弃。

五、学习自卑

自卑是一种心理活动，既包括主观的感受，又包括对别人的感受。它是一种消极的自我评价或自我意识。在整个自我认识过程中，自卑者对自我所具有因素的特征估计过低，看不到自己的长处或优势，觉得自己一无是处。自卑的产生是自我评价偏低带来的，是以惭愧、羞怯、不安、内疚、灰心、悲观、失望等消极评价表现为主的情绪体验。

自卑现象具有一定的普遍性，并能以相类似的心理与行为表现出来，主要表现为：缺乏安全感，没有自信；公共场合表现拘束，易与人发生矛盾，厌恶自己，偏执，过于敏感，容易妥协，依赖，感到自己不行而无法克服缺陷，无法超越自己；等等。学习自卑是自卑情绪在学习上的一种表现，是一种在学习上表现出羞怯、不安、自我评价较低，在学习上觉得自己处处不如别人的情绪。学习自卑的产生是内外影响的结果，内在与人的性格特征有关，外在与家庭环境、社会环境等有关。一项调查统计，有21%的被调查教师认为留守儿童"整体上显得更自卑"；41%的教师认为"部分留守儿童常有忧郁表现"；32%的教师认为"多数变得更沉默寡言"；24%的教师认为"比其他同学明显自卑离群"。为什么会出现这种情况，我们还是先来看两个案例。

【案例 1】

小文，男，15岁，是一名初中二年级的学生，从小寄宿在姑姑家。小文家境贫寒，父亲在一次事故中因工受伤，腿脚不灵便，只能在外做一些简单的工作，母亲是一位勤劳的女人，在外做两份工以贴补家用，平日里也很少回家，更没有时间和精力去关心小文的学习问题。小文是个懂事的孩子，在姑姑家很听话，从不去惹姑姑生气。小文学习勤奋，在班里成绩属于中上等，但是小文在学校性格孤僻、冷漠，很少去和老师同学交流，自尊心很强。上课老师和同学互动，小文从不主动开口，偶尔问到他时，他也能回答正确。老师对这个问题也问过小文，小文支支吾吾地说害怕自己回答错了，有时也很想举手，但就是没有勇气，生怕回答错了被老师和同学嘲笑。

【案例2】

小方，女，14岁，初中二年级学生，品学兼优。和其他留守儿童一样，小方的父亲迫于生计去广州打工，母亲在家照顾家庭。小方的父亲在外出打工最初的几年经常回家，每次爸爸回来总会给小方和妈妈带一些新奇的礼物，这让小方在同村孩子眼里很是风光，小方觉得每次爸爸回来的日子是她觉得最幸福的几天，那几天妈妈总会做很多好吃的，还会全家一起走亲访友。但是好景不长，小方的父母便开始出现争吵，每次爸爸妈妈在电话里吵骂不停的时候，小方心里很不是滋味，之后爸爸便很少回家，偶尔回来也是和妈妈又吵又骂。每当看到爸爸沉默不语地抽着烟，妈妈一个人独自落泪的时候，小方虽然不说什么，可是心里比谁都难受。这之后，小方变得沉默很多，在学校总是独来独往，学习上也变得异常谨慎，成绩也有小幅下降，这让小方更加敏感和紧张。有次，老师推荐小方代表班级参加学校竞赛，小方思考多次竟然对老师说想要放弃，老师问其原因，小方说觉得自己做不到。这让老师很是惊讶，因为在老师的印象中小方并不是一个胆小怕事、不自信的孩子。

在上文中知道自卑是自我评价偏差带来的，是一种消极的自我评价和自我认识。留守儿童出现学习自卑的问题，可以归结为以下两个原因。

第一个原因可以归结为家境贫困带来留守儿童心理上的自卑。我们知道，一般留守儿童的父母之所以要选择外出打工，其中一个很重要的原因就是迫于生计，所以一般情况下留守儿童的家境都较为清贫。贫穷是一个敏感的词，这让孩子在日常生活中很容易产生自卑心理。此外，对于贫困地区的农民家庭来说，孩子的学费、书费以及学校的一些活动费用等，往往是一笔庞大的支出，所以经常会出现缓交或迟交的现象，这无论给家长还是孩子自己，都会带来很大的心理负担与压力。而且在父母不能及时寄钱回家或没挣到钱的情况下，孩子也会因为不能及时交钱而常常感觉到别人异样的眼光。尽管大多数老师对此表示能够理解，并且通常还会采取一些措施来帮助自己的学生，如自己垫付等，但不排除也有少数老师会因此事批评学生，从而严重伤及孩子的自尊心。另一方面，对于多数社区来说，孩子的父母外出之后，家里的生活也并不因此而宽裕，很多人只能等待打工者年终带回的收入来解决问题，迫不得已的情况下，也会四处举债或是贷款，常常要经历碰壁或冷眼的尴尬，这对于正处于叛逆期的孩子来说很容易在他们敏感的内心埋下自卑的种子，久而久之，对学习产生了抵触和自卑心理。

另一个原因便是留守儿童家庭气氛和家庭环境的影响。我们知道家庭是儿童成长、生活的重要场所，家庭对孩子的学习甚至是一生的成长都有着极其重要的作用。在上面的案例中我们也可以看到，由于一部分留守儿童的父母外出务工，导致他们的父母在生活上也受到一定的冲击，特别是那种父母一方外出打工，一方留在家中的家庭。由于一方常年在外务工，很少回家夫妻团聚，减少了夫妻见面、交流以及沟通感情的机会，再加上无论是在外务工还是在家留守，生活上、情感上都会出现这样或那样的问题，彼此不能及时沟通，便很容易产生矛盾。此外由于一般在大城市务工，思想、观念等各方面都受到影响，夫妻之间冷漠、争吵甚至离婚的概率大大提高。夫妻关系及家庭氛围对孩子的影响是不容忽视的，正如案例中的小文，每当别人提到"幸福""团聚"等字眼时孩子就极度敏感。父母之间的冷漠、争吵也会使孩子在学校时学习分心，厌学、注意力不集中，当孩子在学习中成绩下降的时候，更容易产生学习自卑的心理，处处觉得抬不起头。

学习心理问题调适

学习是孩子成长过程中很重要的一部分,留守儿童在学习中的心理困扰对其学业的完成、人格的发展,以及身心的健康发展都构成巨大的威胁,因此留守儿童要学会自我调适学习中的心理困扰,克服这种困扰在学习过程中可能给自己带来的消极影响。心理调适是使用心理科学的方法对认知、情绪、意志、意向等心理活动进行调整,以保持或恢复正常状态的实践活动,根据上文我们所了解到的学习问题,针对学习过程中出现的焦虑、自卑、厌学等现象,我们总结出以下四点心理调适方法。

一、尽快融入角色、提高适应能力

中国青少年研究中心少年儿童研究所副研究员张旭东曾经访谈过一名湖南高二女生,父母双方在她上小学前就外出务工。她小学成绩不错,但上了初二以后成绩开始下降,到初三已经打算放弃学习。

"这时候,她的父亲回到家中住了一段时间。其间,父亲不仅经常与她交流,还与老师积极沟通。很快,她的功课就有了进步,最后考上了县重点中学。"张旭东表示,"儿童在学习上遇到困难有没有人帮助结果大不一样。父母的关心就是莫大的帮助。"

在现实生活中,外界环境在不断地变化,我们也要与时俱进地顺应环境的变化,不断地调整自己的位置,使自己的需求、发展与环境的需求和发展相一致。儿童时期,正是儿童依赖父母,需要父母呵护和管教的时候。留守儿童是一类特殊的群体,父母突然的远离、生活环境的变化使得留守儿童在生活上、心理上出现一段时间的断裂期,这一时期留守儿童往往不知所措。在现实的变化面前,由于心理承受能力差,他们很容易产生自卑感,甚至失去学习的信心。正如我们在案例中提到的姜同学和陈同学,由于从小依赖父母,在父母突然离开的时候生活发生巨大变化,由于不能及时调整自己的心态和角色,导致在学习中出现焦虑、厌学等情绪。在这种情况下,我们要帮助留守儿童尽快地融入角色,适应新环境的变化。留守儿童父母在外出打工之前应该尽量多与孩子沟通，与孩子交流内心的感情，征求孩子的意见，尽量争取孩子的理解和接受；在外出之后，父母及监护人也应该及时帮助孩子适应生活的变化，提高孩子的适应能力。留守儿童只有及时地转变角色，融入新的生活环境才能把精力放在学习上，避免焦虑、厌学等情绪的出现。

二、正确看待学习

思想决定行动，在孩子的学习生活中也是如此，无论家长或者老师多么苦口婆心地教导，如果孩子对学习的认识不够，不能形成合理的学习观念，不能树立正确的学习目标和动机，就很难在学习上取得成功。留守儿童因为父母不在身边，在学习中产生的种种观念和想法都不能及时与父母沟通，很多父母及监护人也忽视孩子在学习观念和态度上的问题，不能帮助孩子树立正确的学习观。而在上文的分析中，我们看到案例中的刘辰，就是由于父母的影响，自身又缺乏对学习的正确认识，产生"读书无用"的想法，甚至想要辍学，厌学情绪严重。因此，父母及老师应多与孩子交流，帮助孩子解决下面几个学习问题。

（一）正确引导儿童的学习动机

学习动机的缺乏会产生心理上的空虚，同样，学习动机过强会让儿童产生过大的心理压力，降低学习效率，影响学习效果。缺乏动力是指学习没有方向，甚至讨厌学习。我们一般认为孩子学习缺乏动力主要是缺乏中等强度的学习动机导致的。心理学家通过大量实验得出结论，只有中等强度的动机最才有利于学习的进行。动机不足或过强都会影响学习效果，并都会带来一系列心理问题。留守儿童正处于价值观、世界观的可塑时期，是定位人生坐标的关键期。由于这一时期孩子的知识储备不足，对问题的认识不够深入、长远，他们不能很好地认识自己及其赖以生存的社会，这就需要监护人及老师对孩子的观念进行正确引导，为孩子分析今后生存的社会及学习目标，告诉孩子为何而学习，让孩子自觉地产生学习的动力，而不是单纯地为了混日子或者为了父母亲人而学习，这样孩子学习时的厌学等情绪就会得到缓解。

（二）帮助儿童树立正确的学习观念

在孩子的学习过程中，学习观念决定着孩子对学习的认识。留守儿童一般还处于观念的形成期，此时父母虽然不在身边，但仍应重视孩子学习观念的引导，使孩子树立自主学习观和优势学习观。所谓自主学习就是学生自己主动地、有主见地学习。自主学习是全程性的。其主要内涵包括：要对自己的学习状态有一个准确的评价；知识、能力结构的自我调整；改进学习方法、提高学习效率和学习能力；不断在学习实践中自我调整，使学习状态进入佳境。优势学习，指用智慧驾驭和统率知识，需要孩子对知识进行更有效的猎取和运用，能够以最快的速度获得最有价值的知识。首先是按自己的思维长项进行学习定位和创造定位；其次是分析当前学习的薄弱环节，从而找到自己学习和创造的突破点。

（三）消除学习认知障碍

认知障碍的自我调适，很重要的一点就是培养学习兴趣。兴趣的发展是一个从有趣到乐趣再到志趣的逐步深化的过程。首先，要寻找和发现"有趣"点。"有趣"是兴趣发展的低级水平，它往往是受某些外在的新异现象所吸引而产生的直接兴趣。其次，要善于寻找和发现"有趣"点，引发出"好奇心"，逐步将注意力引向所学内容，通过一定的学习、研究而进入"乐趣"阶段。再次，推动"乐趣"向"志趣"发展。"乐趣"是兴趣发展的中级水平，它是在"有趣"的基础上逐步产生而形成的，表现为基本定向、持续时间较长，但它还不足以推动个体为了某种目标而奋斗终生。只有当兴趣上升到"志趣"阶段，才会在学习中形成一定的意志力，才能在学习中遇到困难的时候不会轻易妥协。

三、客观评价自己，正确看待考试，树立学习信心

针对留守儿童在学习中出现的自卑、焦虑等情绪，我们应引导留守儿童客观地评价自己的能力，在确立学习目标的时候不能过高或过低，要不断暗示自己树立学习的信心，同时也要引导他们认识到考试只是一种检测自己知识和技能的手段，由于学习的内容和考试内容总是存在差异，考试失误是很正常的。针对留守儿童中出现的学习、考试焦虑现象，我们应正

确引导留守儿童客观对待考试和作业中的失误，引导他们看到自己的长处，学会正确评价自己，让他们逐步树立起学习的信心，特别是当留守儿童遇到困难时，要教导他们多分析问题，看到自己在学习中的进步和成功，学会欣赏自己的成功，学会享受自己成功的喜悦。

此外，根据阿特金森的成就动机理论可以知道成就动机是由两种方向彼此相对的心理因素构成，一种是希望成功，另一种是害怕失败。前者使人趋近目标以追求成功，后者使人回避目标以避免失败。一事当前，这两种力量往往同时起作用。当希望成功的倾向在力量上大于害怕失败的倾向时，个体就去追求目标；当害怕失败的力量占优势时，个体就会退缩不前。当二者力量相等时，就会造成心理冲突，使人焦虑和痛苦。因此，父母及老师要关注留守儿童的心理活动，当孩子在发生动机冲突、引起学习退步时，可激发其成就动机，激励学生努力克服障碍、施展才能从而克服学习上的自卑及焦虑等问题。

四、克服学习注意障碍

注意力分散不但是留守儿童常见的学习问题，也是孩子们普遍存在的问题。留守儿童年龄较小，玩是他们的天性，当孩子在学习中遇到困难和挫折时，特别需要父母及老师的及时引导。在教育孩子的过程中，我们要不断培养留守儿童积极的意志品质。我们知道，当留守儿童在学习过程中遇到一定的困难时，极易产生注意减弱、注意涣散以及自控能力不强等问题。那么，培养孩子具备积极的意志品质，就能努力克服困难，保持良好的注意状态。同时，良好的意志品质还会让留守儿童在学习中获得成功的概率大大提高，当取得成绩、受到鼓励之后，孩子会更容易对学习产生兴趣并保持下去。

第 9 章

留守儿童的自我认同

小丽是一位爱好唱歌、很有音乐天赋的小姑娘，爸爸妈妈常年在外打工，只关心她的成绩，很少关心她的情绪和情感需要。照顾她的爷爷奶奶看她每天都在唱歌，对学习毫无兴趣，就责备她不务正业，并且跟她讲许多家庭条件不允许之类的道理。小丽自己思考了好久，决定放弃自己学习唱歌、成为音乐家的梦想，但却一直闷闷不乐，既感觉不到学习的兴趣，也无法做自己喜欢做的事，觉得生活无聊没有意义。小丽之所以会这样，是因为自我认同中的一致性出了问题。

自我认同是儿童心理健康发展过程中不能回避的一个重要问题。本章主要从农村留守儿童自我认同的概念、自我认同与儿童健康成长的关系、农村留守儿童在自我认同方面存在的问题以及农村留守儿童的家庭自我认同意识四个方面介绍农村留守儿童自我认同的相关问题。希望通过对这四个方面的了解，读者对留守儿童的自我认同及其存在的问题有一个初步的了解，对留守儿童自我认同对其健康成长的重要性有更加清晰的认识，并通过对留守儿童的家庭自我认同意识这一新的视角，去启发更多关于留守儿童问题解决方案的思考。

农村留守儿童的自我认同

一、自我认同

自我认同问题源自于个体对自我认识的困惑——"我是谁?"这个问题的回答。当个体对自己的生存的意义、什么是生活中最有意义的事情产生困惑时,就产生了自我认同问题。学者张文喜曾经对自我认同的本质问题做出过明确的界定:"自我的认同简单地说就是对自己角色的一种自我确认,它是个人一系列个性的统一,是一个人区别于另一个人的整体性标识。自我的认同是对'我是谁'这个问题以及他作为人的本质特征的自我理解、自我回答。"简言之,自我认同就是个人对自己的自我价值的定位、判断、信念和感受。

二、农村留守儿童的自我认同

农村留守儿童的自我认同是农村留守儿童根据个人经历,通过反思并且找到自己存在的意义框架、身份规定以及存在的意义感,意识到自我的一致性、稳定性和连续性,是留守儿童对"我是谁?"的回答和体验。农村留守儿童是在一定的社会关系的基础上生存和发展的,他们的自我认同是在社会活动中实现的。因此,留守儿童若要达到主客观的统一,实现自我认同,那么在其形成自我的初期就应在周围的人对自己的正确态度的影响下,发挥自我能动性和独立性。留守儿童形成自我的过程就是其形成自我认同的过程。

随着社会的发展,农村留守儿童自我认同面临着许多矛盾与冲突。首先,是家长、学校和社会对留守儿童的过高期待和留守儿童自身发展缓慢之间的矛盾。尽管一些儿童处于留守的不利生活状态,他们长期缺乏父母的关爱,很多方面的发展受到影响,甚至产生了各种心理和精神上的问题,但是社会、学校以及家庭对他们的成长期待并没有因此而降低,甚至对他们提出更高的发展要求,这就使得他们实际上无法达到家长、学校和社会期待的标准。其次,是新课改要求儿童改变以考试为目标的死读书的学习形式,对儿童的综合素质和学习能力、探究能力提出了更高的要求。

然而，农村留守儿童由于农村教育条件和观念的落后，整体素质和能力难以得到相应的提高，学校和社会又以学习成绩作为评价儿童的主要标准，这就使得一些留守儿童被否定。

上述两大方面的矛盾，使得在他人和社会对留守儿童所提出的普遍性要求以及留守儿童所能够达到的水平之间，形成一个巨大的反差。这种反差容易使儿童陷入自我认同危机，感到茫然无措。其具体表现就是，一些留守儿童由于受到家长和老师的批评和指责，失去了学习的信心，失去了自信心，认为自己什么都做不好。这种自我认同的矛盾与冲突，说到底与人们对农村留守儿童生活处境的认识模糊有着密切的关系。

三、高自我认同和低自我认同的表现

一个人如果有较高的自我认同感，那么必定也是一个悦纳自己、满意自己的人。他对人生抱有正面积极的态度，也能信心十足地接受任何挑战，并勇于面对自己。高自我认同者往往有以下行为表现：

1. 行为独立：会为自己决定许多生活细节。
2. 承担责任：主动担负一些工作，甚至安慰有烦恼的朋友。
3. 乐于接受挑战。
4. 能承受失败。

而自我认同感低的人，则无法肯定、明白自我的独特性，自信心低，总是喜欢与别人比较，就算自己与别人不相上下，也仍然相信自己不如别人。低自我认同感的人常有以下行为：

1. 贬低自己的能力：常说"我不会"。
2. 逃避任何可能产生焦虑的情况。
3. 强烈的自我防卫：他不能接受批评或失败，不肯面对问题。
4. 喜欢以责备他人或把过失推给别人来隐藏自己的缺点。

因此，要提高儿童的自我认同感，就要首先帮助其明白自身的独特性，建立自尊自信。只有拥有了高度的自我认同感，才能更加健康快乐地成长，创造性和自身潜能才能得到最大限度的发挥。

自我认同与儿童健康成长的关系

所谓"健康成长",有两种层面的理解,即在生理层面的健康成长和心理层面的健康成长。前者指儿童身体的成长,侧重身体发育的健康成长;而后者强调儿童由儿童个体转变为社会人的过程,侧重儿童在社会生活中得到健康成长,能够形成良好的人际交往能力、生存能力,了解并遵循社会规则和规范,适应社会生活。本书所指的儿童的健康成长就是指儿童身心都得到健康发展。农村留守儿童自我认同和其健康成长是相互影响、相互制约的。

一、留守儿童的自我认同是健康成长的条件

儿童的健康成长包含着儿童自我认同的内容,无法实现自我认同或者自我认同感低的儿童是难以实现健康成长的。自主意识是儿童自我认同的一项重要内容,自我认同的儿童,往往有着更高的自主意识,他们在自主意识的推动下,更加勇于实践和挑战,这将有助于推动其内在的智力和生理结构的不断发展,从而促进儿童健康成长。

此外,儿童的自我认同是在不断的反思中逐渐形成的。这里的反思是指儿童批判地考察自己的行为和能力,回顾和检查自己的行为表现,从而不断改进学习方法以获得更好的发展。儿童通过反思能够加强对自身、活动以及周边环境的理解,从而形成自我认同。儿童的自我反思同样是影响儿童健康成长的重要因素,因为外因通过内因起作用,外在因素是否影响儿童的健康成长以及影响的程度如何,还是取决于儿童自我反思的程度。反思是儿童不断提高自身素质的一种重要途径,因此,教师若要促进农村留守儿童的健康发展,就要经常指导儿童反思学习、生活和实践中遇到的问题,通过反思提高儿童的自我教育能力。

例如,一些留守儿童认为自己无论怎样努力学习都无法达到家长和老师的要求,就灰心丧气,认为自己做什么事情都失败,自己的生活没有意义,甚至怀疑自己存在的意义。这时候,教师如果指导儿童反思自己在学习、生活和实践中遇到的问题,帮助其认识到自己失败的主客观原因,找到解决问题的方法,就会使儿童增强战胜困难的勇气和信心,实现自我认

同，找到自己存在的价值和生活的意义。

二、留守儿童的自我认同是健康成长的结果

首先，儿童的健康发展不仅意味着儿童的身体素质和综合能力的不断提升，而且还意味着儿童的反思能力的不断提高。随着反思能力的提高，儿童会更加主动且科学地考察和批判自己的行为表现，对自己积极的思想和行为给予支持和鼓励，反之给予修正，这是儿童自觉的"旧我"与"新我"的对话交流，是努力摆脱"旧我"，不断获得新生的过程，是一个自我认同形成的过程。

其次，儿童的健康发展本身即意味着儿童对于生活中"善"的标准的寻求与获得。得到健康发展的儿童具备分辨是非善恶的能力，这种能力可以使儿童更好地防范和抵御外界的各种诱惑，不易出现自我认同危机。最后，得到健康发展的农村留守儿童通常能得到教师、家长与社会的认可和赞扬，成为他们眼中的"好孩子"，这种认可反过来又会促进儿童内在的自我认同。

农村留守儿童自我认同存在的问题

一、一致性问题

自我的一致性是一个人获得基本的存在性安全感的基础，也是达到完善的自我认同的必要条件。农村留守儿童如果不能在生活中形成内在的一致性，就会失去最基本的安全感，就会出现自我认同一致性受到破坏的问题。

快速变迁的外部世界对农村留守儿童提出各种要求，致使留守儿童经常面临内部要求（自我生存的意义性和价值感）和外部要求（社会、他人的要求）的矛盾冲突。当留守儿童觉得没有能力去拒绝来自外部的要求并且感到危险、受强迫的时候，就会努力并尽量达到外在评价的要求，用逃避自我生存的意义性和价值感这一方式来保护自己。正是这种在面对内部要求和外部要求的矛盾冲突时，选择放弃自己的内部要求的逃避行为导致儿童无法形成一致性的自我认同。留守儿童内在一致性遭到破坏，就会使其对自身生存方面的能力感到悲观忧郁，缺乏安全感，担心自己不能达到学校和家长提出的要求，担心自己被学校和社会淘汰，感觉生活失去了意义。生活中有许多这样的例子，家长和教师因其自身的局限性，往往过多地关注儿童的学习成绩方面的情况，而忽略了留守儿童内心的情感需要和自我发展需要，导致一些留守儿童在家长和学校的驱使下去追求学习成绩，从而失去自身发展要求与自身努力方向的一致性。

二、稳定性问题

农村留守儿童的稳定的自我认同感是其根据社会的变化和教育的要求，联系以往的生活经验，通过反思获得的稳定的自我认同感。

由于目前社会处于变革时期，文化和价值观念的多元化影响到人们生活的方方面面，激发了一种不确定的文化氛围，这种不确定的文化氛围，表现为有太多的选择以致人们无所适从，有各种各样的声音告诉人们应如何做，从而干扰人们的选择。这使人们常常处于一种无方向感的情境中，产生痛苦和可怕的感觉。在这种氛围下，成人尚且如此，本身处于弱势地位的农村留守儿童更是容易坐立不安，不知所措，丧失了基本的安全感，难以形成稳定性的自我认同，其特征主要表现为自我导向的缺失、人生目标不明确，不能清楚地认识自己，价值观模糊、行为失范、角色混乱，不知道该做什么。例如，一个留守儿童虽然在学校上学，但是他并不懂书本上的知识学来有什么用。身边有人说读书好，有人说读书不好，所以他也不知道读书究竟好不好。于是他还是按部就班地每天去上学，但是学习并不用功，成绩也不好不差。

迅速变化的外部世界给农村留守儿童带来了不安，他们不知道今天看来是有意义的目标在以后的社会生活中是否还会被认为是有价值的。一些留守儿童没有学习乐趣，缺乏学好科学知识的动力，面对外部观念的多元化，不知道什么才是正确的，也没有生活的目标，感受不到生活的乐趣和意义。这就要求教育者引导留守儿童寻找到生活的意义，使其形成稳定的自我认同感。

三、连续性问题

人的生命是一种持续不断的运动，每一个当下的体验连接并形成人的整个生活过程。人的过去、现在与未来具有连续的完整性，个体的自我认同感就存在于这种连续的完整性当中。

过去的自我、现在的自我和未来的自我具有一致性、统一性。对过去的自我的回忆会给建构现在自我带来重要启示，对现在自我的反思伴随着对未来自我的可能生活轨道的预期。教育应不断地引导留守儿童感受和体验这种经历的连续性。如果教育只强调三者中的某一方面，留守儿童将会体验不到自我的连续性而缺乏自我认同感。然而，当下的农村教育在"教育准备说"理念的影响下，将关注点指向儿童的未来，而忽视了儿童过去及当下的生活。教育只重视如何让留守儿童尽早地社会化，适应一个既定的成人社会，以便更多地为这个社会创造财富。为此，他们规定儿童什么能做，什么不能做，以成人的标准要求儿童，干涉和压制了儿童的活动，这样一来，很少有留守儿童感受到自己现实中的生活是自己想要的生活。留守儿童活在未来，既不懂当下生活的意义，也不明白过去的价值，感受不到作为人在时间体验上的完整性。他们的自我认同的连续性受到破坏，处在断裂的状态中。

例如，一名留守儿童在小时候受到的学校教育是，学生应以读书为重，其他的事都是次要的、不务正业的。后来这个孩子上了大学，被一些同学嘲笑是书呆子是白痴，因为除了读书，什么都不会，不会用电脑也不会上网。这说明随着社会的急剧变革，现有的新要求的标准与以前的标准差别很大。这个儿童他早期的学习经验和现在要用到的电脑知识没有任何关联，他的生活经验处在了断裂的状态之中，这使他自我认同的连续性出现问题。如果自我认同连续性的问题长期不能解决，儿童就会因长期的挫败感而逐渐失去自我发展和自我实现的信念，失去生活的意义感，最后无法承受来自环境的压力，出现严重的行为问题或学业问题。

农村留守儿童的家庭自我认同意识

"家庭自我认同意识"理论来源于日本社会学家上野千鹤子，她把使家庭成立的意识称作家庭自我认同意识，它显示的是个人主观上所划定的家庭边界在哪里。由于留守儿童长期生活在假性单亲家庭、隔代抚育家庭或寄养家庭里，较之非留守儿童，其家庭自我认同意识就有明显的特点。

一、农村留守儿童的家庭自我认同意识特征

罗国芬通过分析研究发现，留守儿童的家庭自我认同意识有三方面的显著特征。

（一）不在家的父/母或父母双方仍被农村留守儿童视为"家庭"成员

父母亲因务工、经商等原因外出，不得不和留守在家的孩子分隔两地，然而尽管彼此的居住地远隔千山万水，但在不少留守子女眼里，不管父母亲远在何处，仍是自己的家庭成员。

（二）部分抚养农村留守儿童的祖辈或其他亲属不被视为"家庭"成员

留守儿童因父母亲外出而长期和照顾自己的爷爷奶奶、外公外婆或其他亲属居住、生活在一起。然而在一些留守儿童的眼中，尽管这些人每天尽心照顾自己的生活起居和学习，但是并不能被算作是自己的"家庭人口"，在他们心目中，家庭的边界是不包括这些老人或亲属的。

（三）大部分农村留守儿童不把同样留守于一个祖辈处的叔、伯、姑、舅、姨的子女视为家庭成员

在有的农村留守儿童家庭中，留守儿童的父母和父母的兄弟姐妹一起外出打工，同时把几个孩子都寄养在同一个家庭里（多是爷爷奶奶家）。也就是说，留守儿童要和同样未成年的叔、伯、姑、舅、姨的子女共同生活在一个屋檐下。然而留守儿童并不把这些和自己有着较近血缘关系的堂、表兄弟姐妹算作是自己的"家庭成员"。这说明，农村留守儿童的家庭自我认同意识与其实际居住的"家庭结构"范围是有区别的。那些不同住的，可以是家庭成员；而同住的，却不一定是家庭成员。

二、农村留守儿童的家庭自我认同意识的社会影响

根据家庭自我认同意识理论，每一个家庭成员的家庭自我认同意识既可能一致（个人的家庭认同的边界能够互相吻合），也可能有所冲突，不同人的家庭自我认同意识所涵盖的范围都不太一样。而在家庭自我认同意识有矛盾、冲突的时候，这样的家庭自我认同意识就会影响到他们之间的

互动，产生一些矛盾和隔阂。

很多农村留守儿童的家庭自我认同意识往往与代养者的家庭自我认同意识有所冲突。一种可能是，他们之间尽管有居住生活上的共同性，但在识别家庭边界的时候，不少的农村留守儿童并没有把照顾他们的代养者（主要是爷爷奶奶）算作自己的家庭成员，而作为代养者的老人则是将孩子看作自己的血脉延续，把管教和宠爱孙辈看作理所当然，而孙辈则对老人的一些管教行为非常反感。另一种可能是，留守儿童将照顾自己的爷爷奶奶看作家庭成员，而不把同样寄养的堂、表兄弟姐妹算作家庭成员，而爷爷奶奶则是一视同仁地将孙辈看作家庭成员，这样一来，由于孩子们年龄不一，理解能力各异，加上家庭自我认同意识有明显差异，对于老人即使正常的照顾孙辈的较为一视同仁的行为，也可能被孙辈解读为"偏心眼"的行为而产生误解和隔阂。

非留守儿童家庭，人际关系往往只包括亲子关系和兄弟姐妹关系，比较单纯。但在留守儿童家庭，除了爸爸妈妈兄弟姐妹这类关系之外，还有与其他平常状态下并不居住在一起的其他成员的关系，如祖辈、表（堂）兄弟姐妹、叔、伯、姑、舅、姨、保姆以及其他人。因此留守儿童就不得不面对一种更为复杂的关系，然而要很好地处理这些关系并不容易。例如，在留守家庭原来就有小孩子的情况下，家长对待亲生（孙）子女和留守子女也可能不同。这种留守就造成了竞争性的关系，有时甚至是冲突的要求，会使得留守儿童及其亲生父母的生活更加复杂。

留守儿童家庭自我认同意识的显著特征和其带来的社会影响，无疑为我们提供了一个新的视角去关注留守儿童，它启发我们反思许多诸如"爱心妈妈"、辅导祖辈之类的措施为什么达不到预期效果，启发我们从"农村留守儿童的家庭自我认同意识"这个新角度入手，去探讨更有成效的帮助留守儿童身心健康成长的措施。

第 10 章

留守儿童情绪问题

　　小南是小学六年级的学生，父母外出打工，寄宿在爷爷奶奶家。小南几乎每天都会在学校里制造一些矛盾和争端，来家里告状的家长排成队。小南不服管教，以打架斗殴来引起老师和同学的注意，老师找他谈心，他一副无所谓的表情，依然我行我素。爷爷奶奶每次劝说无效便告知小南的父母，每次小南的父母来电话或者回家都是对小南一顿臭骂或痛打。这让小南没有任何改正的迹象，反而愈演愈烈。小南的这种情况就是逆反情绪的表现，是父母由于不在孩子身边，没有及时了解孩子内心需要而盲目管制的结果。

　　留守儿童由于父母不在身边，亲子关系处于空间上的断裂状态，在日常生活中很多情绪不能及时地排解和调适，很多情绪问题困扰着孩子及家长，甚至影响儿童的身心发展。本章从留守儿童的情绪问题出发，介绍情绪的产生、作用及机制，分析留守儿童在留守过程中所出现的强迫、抑郁、焦虑、恐惧、自卑、孤僻、妒忌、偏执、逆反、冷漠等情绪问题，进而提出留守儿童情绪问题的调适方法及措施。

情绪的概述

在生活中,情绪对我们来说是很熟悉的,每时每刻,它都在发生着,随时随地,我们都能看到或者感受到他人或者自己的喜、怒、哀、乐。有人说,情绪就像染色剂,使人的生活染上各种各样的色彩,也有人说情绪就像催化剂,使人的活动加速或减速进行。情绪支配着我们的行为,在我们的生活中不可或缺地存在着。它可以自己启动,但通常是伴随着动机行为而产生,人们的情绪会随着个体的动机是否得到满足而变化,满足则快乐,不满足则痛苦,当个体动机受到阻碍时则会产生恐惧、沮丧等情绪。著名的心理学家孟昭兰认为:情绪是一种多成分、多维量、多种类、多水平整合的复合心理过程。它的复杂性一直以来都是哲学家和心理学家关注的重点问题之一。在我们的生活、工作和学习过程中动机与现实经常会出现偏差,而留守儿童由于其特殊性,更容易出现种种情绪问题。情绪问题的解决源自对情绪的理解和把握,因此,在我们分析留守儿童的情绪问题之前,有必要了解一下情绪是什么,情绪的类型、机制有哪些,以便于我们对情绪这一概念形成整体的理解和认识。

一、情绪的含义

情绪是什么?也许大多数人不能很清楚地给情绪下一个定义,但情绪对每个人来说都不是陌生的。我们可以先来想象一下下面的一些场景。

1. 当你日夜思念的人或者期待的事情突然出现在你面前的时候。

2. 当你辛辛苦苦做好的工作被领导完全否定,并对你一顿痛骂的时候。

3. 当你夜晚一个人在家看恐怖片,突然有人敲门的时候。

我们每个人都经历过上面的情景,也能很快在大脑中反映出面对这些情景时我们的心情。在我们的生活中,这样的例子举不胜举,或兴奋,或尴尬,或煎熬。分析这些情绪发生的一般模式,我们发现每当某一事物出现,我们内心会觉察这种事物或情景,然后引起我们主观上的某种感受,进而产生特殊的情绪,最后由情绪引发相应的行为。情绪本身就是一种复杂的心理状态,这也是为什么心理学家们对情绪的研究会从生理到内心感受再到外部表现侧重点均不相同。阿诺德把情绪定义为是对趋向知觉为有益的、离开知觉为有害的东西的一种体验倾向。这种体验倾向又为相应的生理变化模式所伴随,并因不同的情绪而有差异。在形形色色对情绪的定义中,有的强调情绪的生理层面的唤醒,有的强调行为层面的表述,还有的强调情绪的认知评价。

孟昭兰在总结国内外各种情绪定义的基础上指出:情绪是多成分组成、多维量结构、多水平整合的心理活动过程和心理动机力量。也就是说,情绪是多成分的复合过程,是心理、生理和社会等不同水平整合的产物。那么,在这个复杂的心理过程中,情绪的成分又是怎样的呢?我国学者陈少华在《情绪心理学》中指出情绪包括三种成分:生理成分、体验成分和表情成分。生理成分是指情绪的发生、发展和改变取决于中枢神经系统、自主神经系统及内分泌系统,各种情绪的主要产生原因之一就是人体内部的生理变化。体验成分是指情绪是一种主观体验,情绪在意识层面上的感受成为体验,情绪体验是脑的感受状态,与情绪的外部表现有先天的一致性,每种具体的情绪体验在主观上可感受的色调是不变的,它之所以成为与认识过程不同的心理形式,其可感受的特定色调及其外显表情是情绪的根本特征。另外一个成分是情绪的表情成分,表情是情绪感觉的外部特征,无论是何种情绪状态,它们通常都是通过情绪的表情成分来体现的。

二、情绪的作用及机制

情绪在我们的生活中每时每刻发生着,作为一个包含生理、认知、行为等多种成分的复杂心理活动,情绪是人类进化的产物,是在各种环境和情境下力求适应生存的心理活动。简单来说,情绪对每个人来说都是至关重要的,在情绪的支配下人的行为也会受到很大的影响。具体来说,我们可以把情绪的作用分成四个方面:动机作用、组织作用、感染作用和影响健康的作用。

(一)动机作用

情绪从词源学上分析是指从一个地方向外移至另一个地方,在这里情绪被赋予了一个"移至"的动作。我们知道,在生活中,我们常常会由于愤怒、害怕或喜悦的情绪而采取某些行动,因此,情绪像催化剂一样能刺激人的目标行为,改变行为的效率。换句话说,就是人的行为受情绪的支配。积极的情绪能够使人振奋,提高学习和工作的效率;消极的情绪则会干扰、阻碍正向行为,降低学习和工作的效率,起反向推动作用。

生活中我们也能找到这样的例子。危难面前,我们总会做出一些连自己都不敢相信的行为,在地震、山洪等灾难面前,人们总会倾尽全力去求生。有位家庭主妇,平日里体弱多病,但在家里失火的时候,她竟然在紧急状态下把自己喜爱的钢琴从屋里拖出来,在正常状态下她也许永远都做不到这些行为,也永远不知道自己竟然有如此大的力气。在这点上,我们在前面的章节中也提到过,孩子在学习过程中也会受情绪的影响,当留守儿童出现负面情绪的时候,学习上就很可能会出现问题,进而影响正常的学习生活。

(二)组织作用

情绪是心理活动的组织者,对人的感知、记忆、思维和想象及智力因素具有调节和组织作用。同时情绪还会影响人的选择和注意力。当人处于乐观、积极的情绪中时,会更容易去注意事情好的一面,其行为也会更加主动,而当人沉浸在悲伤、消极的情绪中时,很容易只关注事物的阴暗面,导致其行为的退缩。也就是说,个体的情绪偏向会影响他的知觉选择,在工作和学习中个体往往会对感兴趣的东西集中注意力,而且情绪的偏向也会让人容易记住一些东西而忽视另一种东西。举个例子,我们在小学生的作文中会经常看到,孩子因为今天受到老师的表扬等原因心情很好,回家的路上看到花儿在微笑,鸟儿在树上歌唱。而当某天受到批评或者考试失利时,再看到同样的场景,花儿都在为自己落泪,鸟叫都成了哀鸣。相同的情景,却有不同的感受,这些都是情绪在组织和调节的过程中带来的。

(三)感染作用

情绪的感染作用是指一个人的情绪会受到周围气氛或他人情绪的影响。这种情况是我们每个人都能感觉得到,同时又觉得神奇的一种感受。

我们的情绪经常会随着周围人的情绪波动而起伏,这种情绪的变化我们自己最先能感觉到,我们可以称这种感受为情绪的主观体验。同时,我们知道情绪包含生理成分、体验成分和表情成分,当我们的情绪发生变化时,通过身体语言、表情展示等又可以被周围的人所感知,同时也会影响周围人的情绪,这种相互之间的影响就是情绪的感染作用。比如,当你参加生日聚会时,在那种欢乐的氛围中你也会不自觉地跟着兴奋、狂欢。当你走入悲伤的氛围中,自己的情绪也会去潜移默化地受情境的影响而变得压抑、悲伤。还有一种情况是,当我们在看一些煽情的剧情时,我们的心情也会随着主人公的心情而起伏,或流泪不止,或开怀大笑,这也是情绪感染作用的一种,西方心理学家把这种现象叫作移情。

(四) 影响健康

情绪和健康有着密不可分的关系,情绪的存在总伴随着生理成分的发生,日常生活中我们经常会听到某人因情绪波动较大而被送进医院,或者某人情绪激动导致疾病突发等等,当然我们也会有这样的感受,当你情绪极度激动的时候会感觉身体不适。著名的心理学家津巴多在《津巴多普通心理学》一书的《情绪》一章中举过这样一个例子,他说假如有只狗对你狂叫不止,你被这只气势汹汹的狗吓坏了,恐惧反应的生理组成部分会发出警报,同时通过植物性神经系统和内分泌系统向全身扩散,然后你内脏各系统就会做出相应的反应,胃部血液排空,面部血管收缩,你就会出现脸色苍白或者胃痛难忍的状况。专家们也曾做过这样的研究,人在大怒的时候,会出现心跳加速、血压急剧上升的现象,而人的健康也会受到这些不良情绪的影响,甚至会出现因为情绪波动过大或过久而身体垮掉的情况。另外,不良情绪的持续存在还会造成人心理上的不适,如长时期的紧张或恐惧情绪会让人出现抑郁、焦虑等心理疾病。

总而言之,情绪是我们生活中随处可见的一种心理体验,它支配我们的行为,影响我们的生活。接下来,在我们知道情绪的含义、成分和作用之后,还需要了解一下情绪的机制以及相关的一些理论。我国学者在对情绪的机制研究中认为在"每个情绪中,有两个确实、明显的成分,一个是感官印象,通常都有记忆,二是结果,即血管收缩的变化并由这种变化引起的身体和心理机能上的变化。"但是在这两种成分之间是什么呢?当你因为考试而焦虑进而夜不能寐的时候,是因为先有一种精神作用产生——马上要有考试而让你心烦意乱、辗转反侧,还是因为考试的原因直接引起这些症状的产生呢?目前对情绪的机制没有定论,不同的学者有不同的看法。

三、与留守儿童情绪相关的理论

情绪发展是儿童社会化的重要内容之一,情绪的发展和波动对孩子生活、学习都有很大的影响。在对情绪的研究中,与情绪相关的理论也有很多,下面我们列举几个与留守儿童情绪相关的理论,便于大家理解和学习。

(一)学习理论

学习理论是探知学习本质和形成机制的心理学理论,学习理论应用在儿童情绪问题上主要表现在儿童是在不断的学习和模仿中获得和感知情绪的。在儿童的成长过程中,他们对情绪的感触和识别大多是来自父母对情绪的解读和表现。我们常说"少年不识愁滋味",就是说儿童的情绪感知是随着年龄和周围环境影响而不断发展变化的,随着他们阅读能力和领悟能力的提高,通过理解小说以及影视作品主人公的内心世界,儿童的情绪识别能力也会有所增强,他们可以学到更多复杂情绪的表达和感受,从而也促进了识别他人情绪能力的发展。此外,不仅情绪的发展是通过学习获得的,儿童处理各种情绪的方式也是观察和模仿的结果。这一理论在后文的具体情绪问题介绍中会再次提到。

(二)知觉再认理论

知觉再认理论把儿童看作是一个信息加工的机体,并试图用已经形成的结构工具来影响输入的刺激。儿童在感觉外部事件时,先在头脑里形成了一个主观映象,这个内部的心理映象称为图式。当这种图式被儿童认同或接受的时候,孩子的情绪就不会受到大的波动或影响,表现出柔和的行为方式,而当这种图式被儿童拒绝或逃避的时候,孩子的情绪就会受到刺激,产生相应的防御行为。生活中我们可以发现,婴儿看到自己的妈妈或者周围熟悉的人时就会感到亲切和快乐,而看到陌生、不熟悉的人时就会感到害怕,甚至大哭大闹。从知觉再认理论来解释,那是因为陌生人与他们熟悉的人相比,产生的图式无法让儿童接受,从而引起情绪上的焦虑。总之,无论是害怕的情绪还是愉悦的情绪,都与儿童同化刺激物的知觉再认能力有关。

(三) 社会认知理论

社会认知是指个体对事物的认识、理解以及思考和推理。社会认知理论对儿童研究的重点是儿童在成长过程中对外部世界、他人和自己的认识与理解。儿童社会认知能力的高低影响儿童对事物的认识和看法,进而影响他们在面对事情时所表现出来的情绪。随着儿童领悟能力的发展,他们学会通过简单的分析和推理接受或采取别人的观点,也能通过简单的辨别和分析对他人的情绪做出相应的情绪变化。同时,随着儿童采择别人观点能力的提高,他们也学会了对别人行为和情绪的分析和归因,能更好地控制和表达自己的情绪行为。也就是说,儿童在成长过程中不断地社会化,其情绪的变化和表达也在不断地社会化。比如,在幼儿园,儿童 A 的东西被儿童 B 打翻,如果儿童 A 通过自己的思维分析认为儿童 B 是故意的,就会产生愤怒或者委屈的情绪,如果儿童 A 认为儿童 B 只是不小心打翻的,那么在情绪反应上就不会过度愤怒或生气。并且,随着年龄的增长,他们还会为别人编造理由或推断他人行为来决定自己的情绪。

留守儿童情绪问题

通过对情绪的了解,我们知道儿童情绪的发展是在学习和模仿的过程中丰富起来的,儿童对外部世界人或物的理解以及情绪的体验处理都与周围他人以及所处环境有着密切的关系。正是因为所处环境及亲子关系的特殊性,留守儿童在情绪的体验与表达方面也容易出现一些问题。具体表现为强迫、抑郁、焦虑、恐怖、偏执、孤僻、自卑、逆反、嫉妒和冷漠。下面我们将对这十大特点一一进行介绍。

一、强迫

提起强迫，我们通常将它与精神疾病联系在一起，其实，强迫情绪是正常的，我们每个人，无论年龄大小，都有过或多或少强迫的体验。如一段时间，某个歌曲一直在脑海中循环播放；走出家门，反复思考水龙头是否关好；夜晚睡觉，总是担心门窗没有锁好之类的问题。在儿童的世界里，是否也有强迫的行为出现呢？我们仔细观察会发现有些孩子会不停揉搓自己的衣角，有的孩子总是会咬铅笔，这些都可以叫作强迫。也就是说每个人的行为都或多或少地带有强迫的色彩，而只要这些强迫的行为没有影响我们正常的生活就可以认为是正常的行为。但是，有些人的强迫行为会不断困扰着他们，他们明明知道这种强迫症状不对，或者没有必要，但就是控制不住自己，一旦强行控制自己不去做，便会出现紧张、焦虑等不适症状。这种过分反复的思考、怀疑或者做一些没必要事情的行为就是强迫症。

儿童时期是孩子神经系统、心理发展的关键期，其情绪和行为的发生受外界环境影响较大。研究表明，强迫症儿童多数生于父母要求过于严厉的家庭，这些家庭多数追求完美，作风刻板，亲子关系不良。那么为什么留守儿童更容易出现强迫行为和情绪呢？我们知道，留守儿童在其心智发育的关键时期，亲子关系突然在空间上出现间断，父母对孩子的操控出现了空间上的距离，在这种情况下，很多父母爱子心切，由于不能陪在孩子身边，和孩子交流的机会不多，于是便很容易只关注结果而忽视过程，盲目对孩子进行跨越空间的操控。加上有些留守儿童与祖辈生活在一起，由于祖辈生活习惯的刻板与单调，留守儿童很容易受祖辈影响，产生一些强迫行为，如晚上睡觉时衣服必须折三折放在床尾，枕头、被子必须折成固定的形状等，受这种固定思维的影响，留守儿童很容易行为刻板，甚至为没必要的事情不断较真，出现强迫行为。寄宿在亲戚朋友家的留守儿童，由于寄人篱下，没有和最亲近的父母生活在一起，做事总是小心翼翼，察言观色，生怕做不好会受白眼，在心理上也会更敏感，久而久之，便会过分担心一些事情，出现强迫的情绪和行为。

10岁的留守儿童小如，父母外出打工后一直寄宿在姑姑家，虽然姑姑对小如很好，但小如总不能像对妈妈那样与姑姑亲近。有次小如和同学在客厅玩拼图，玩过之后没有把拼图收好，姑姑随口说了一句："怎么这么乱七八糟的，也不收拾一下。"本是无意中的一句话，小如听到后便很难过。此后，小如玩过拼图之后总是担心没有收好，有时竟一遍遍地去客厅检查有没有落下的玩具，后来发展到无论什么事总担心没有做好，出现强迫症的症状和情绪。

二、抑郁

抑郁是一种复杂的、混合的情绪体验，其中夹杂着很多情感成分。现实生活中，我们可以找到很多词语来形容抑郁，但总不能为它准确地下一个定义。抑郁是一种特殊的心境，它给人的感觉是阴暗、沉闷、郁郁寡欢、心烦意乱、绝望、消极、痛苦煎熬。每个人的一生中都会经历抑郁的体验，如失去亲人、高考落榜、天灾人祸等，大多数人能在短期内，调节自己的心境，迅速恢复过来，这些都是正常的抑郁情绪波动，它就好像正常的生活突然停住或者走路时突然跌倒疼了一下。从某种意义上来说，抑郁就像是一种自然的进程或者生命周期的一个阶段，会让我们在一段时间内思维迟钝、心情低落、疲乏无力。但是还有一些人，他们沉浸在抑郁的情绪中不可自拔，在他们眼中丰富多彩的世界没有任何的色彩和乐趣，他们用一种消极、厌世的方式去看待自己和周围的世界。对自己，他们认为自己一无是处，对周围世界，他们认为事事不如意，对未来生活，他们认为永远也不会好起来，他们就像生活在度日如年的地狱中一样，有着"生不如死"的想法，这种状况则是抑郁症的表现，是精神障碍的一种，会严重影响他们正常的工作、学习和社交。

儿童在其成长过程中，也会产生抑郁的情绪。虽然抑郁的产生与人的性格有很大关系，但是由于儿童心智尚不成熟，周围环境对其情绪的影响也不容忽视，留守儿童在生活中会遇到各种各样的问题，而此时，最亲近的爸爸妈妈不在身边，缺少一个情绪和行为上的沟通者和指导者。在上面介绍的学习理论中我们知道，孩子是在不断的模仿和学习中感受更多的情绪体验的，而留守儿童父母不在身边，他们在与监护人的互动中缺少最真实的情绪流露。很多时候，留守儿童在遇到困难和问题时，选择自己窝在心里，而不愿与监护人沟通。而父母的电话和帮助又不能随时随地及时到来，这时，特别是性格内向的留守儿童，在不知道如何排解迷茫情绪的状况下很容易心事重重。并且这些孩子多数年龄尚小，对事情的看法不够长远和宏观，经常会被小事困扰，不能自拔，甚至过分在乎和纠结一件事情，一旦事与愿违，便如晴天霹雳，认为什么都完了。

在我们的采访中，有些孩子因为一次考试的失误就一蹶不振，怀疑自己的能力，认为自己一无是处，甚至产生生活无望的想法。这些看似幼稚的思维都真真切切存在孩子们的世界中，而没有成年人及时的发现和引导，孩子很容易就此沉沦下去，长期的沉默煎熬就成了抑郁情绪滋生的温床了。

三、疑虑

疑虑是焦虑、不安、怀疑的代名词，和上面的情绪一样，每个人都会有疑虑的经历和体验。我们会为某件事担心并坐立不安，会为别人的某个眼神、某句话而反复斟酌，茶饭不思。疑虑是为一些莫须有的东西而费心费力，疑神疑鬼，进而在自己想象的情景中焦虑、煎熬。生活中，很多疑虑最终被证明是没有必要的误会，但是既然如此，为什么我们还是会产生疑虑，甚至在疑虑的漩涡中不可自拔呢？我认为这是对自己控制能力不自信的一种表现，我们担心、焦虑一些事情，我们太容易被周围的人或事所左右，而没有安全感。如果我们在面对事情时能更从容地面对，内心更坚定一些，就不会轻易被疑虑的情绪所左右。

留守儿童与非留守儿童之中，留守儿童出现疑虑情绪的概率要比非留守儿童高很多。这是由留守儿童特殊的家庭环境造成的。人在令人感到安全的环境中更容易产生安全感，在自己父母面前是最真实的、没有任何防备和伪装的自己。留守儿童也一样，但是由于生活所迫，父母离自己远去，留守儿童被寄宿在亲戚朋友或者祖辈家中，虽然监护人与留守儿童之间也存在着血缘或者亲缘关系，但是，与和父母一起生活比起来，还是缺少心理上完全的放松和流露，这或多或少会影响到留守儿童的安全感。再加上留守儿童寄人篱下的敏感与谨慎，总会担心周围人在背后嘲笑自己被父母丢下，他们细心观察着别人的每一个眼神、每一句话，甚至别人一个不经意的动作也会被他们放在心上，然后"以小人之心，度君子之腹"地猜疑、推测，认为是"别有意味"的表现。这些神经质的情绪和行为让他们同周围人关系紧张，甚至仇视一切。在这种疑虑情绪的影响下，他们握紧拳头，用武力为一件微不足道、不值一提的小事而大动干戈。还有的留守儿童不理解父母，认为家里穷，父母没有能耐才外出打工，因此总担心别人看不起自己。他们一方面不希望重复父母的生活，另一方面又不知道自己未来的路在何方。在这种情况下，留守儿童不可避免地表现出对当前和以后生活的担忧，产生疑虑情绪。

四、恐惧

恐惧是一种由于感觉到面临危险而产生的令人不愉快的情绪体验，弗洛伊德对恐惧的理解是：恐惧是一种来自自我对危险的反应的焦虑情绪。苏联心理学家彼得洛夫斯基在《心理学大辞典》一书中指出"恐惧是在个体的生物存在或社会生活受到威胁的情境中产生的情绪，这种情绪是以实际的或想象的危险源泉为目标"。我们认为恐惧是一种意识到或者感觉到危险存在或迫近时的痛苦反应。我们在平常的生活中都会有恐惧情绪的产生。当你在午夜一个人看恐怖电影的时候，突然的电话铃响会让你惊吓不已；当你在过马路的时候，突然看到一辆卡车向你飞奔而来，你措手不及，吓得浑身发抖。是的，这些都是因为突然出现的危险信号让你感到恐惧，在恐惧情绪产生的时候还会伴有心脏猛跳、全身虚汗、浑身发抖或者手脚冰凉等生理现象，之后随着危险的消失，这种状况也会逐渐平息。

恐惧是个体试图摆脱或者逃避某种情境而产生的心理体验，儿童在逐渐社会化的过程中由于很多事情对他们来说都是新奇的，他们需要在不断的学习和积累中才能把握各种未知，因此，很容易产生恐惧的情绪。如儿童第一次去幼儿园，当父母离开的时候，他们通常都会大哭大闹，追赶父母，不愿去学校，因为学校这个环境对于他们来说是陌生而恐怖的，陌生的小朋友、陌生的老师、陌生的环境以及最亲近的人的离开让儿童完全失去安全感，恐惧情绪会一直缠绕着他们。

而留守儿童更是如此，对于寄宿别人家中的留守儿童，当脱离自己最熟悉的环境和亲人，而进入一个全新的，甚至陌生的生活环境时，他们会产生强烈的恐惧情绪，这种情绪让他们无能为力，只能埋在心底，以致安全感降低，对其他的人或是新异的事物感到怯弱恐惧。对于有些留守家庭，父母一方，通常是父亲外出务工，母亲便会担负起对孩子的所有责任，对孩子严加管教。由于留守母亲不仅要承担养儿育女、照料家务、劳动生产、赡养老人等多重社会角色，而且要担心外出丈夫的安全以及他们能否抵御城市里的各种诱惑，她们的精神和心理压力很大。加上在教育子女方面缺乏耐心，教育方式简单、粗暴，她们经常对子女发脾气，打骂孩子的情况也较为频繁。根据上面我们学过的情绪的感染作用可以理解，在这种充满着训斥、恐怖的不和谐的家庭环境下，留守儿童在心理上很容易变得紧张、胆怯，行为上变得小心翼翼，进而产生恐惧的情绪。

五、偏执

偏执在希腊语中又可以译为"疯狂"，是指个体所具有的一种极度焦虑和自负的思考方式，是一种非理性的且常伴有妄想的情绪体验。偏执情绪表现为在行为上固执死板、思想上固守己见偏执的人常常自以为是，自命不凡，对自己的能力评估过高，认为自己永远是对的，总把错误归在别人身上。但偏执的人又过于自卑，对别人要求很高，却从不敢相信他人，总觉得他人别有企图，在这种心理矛盾的挣扎中焦虑、痛苦。他们分析事情时总是缺乏客观、冷静和低姿态的思维。在日常生活中，我们经常会遇到这样的人，通常这种人在工作上不能处理好与同事的关系，在生活上不能营造和睦的家庭氛围。正常人和偏执情绪严重的人也不能很好地共事。其实，我们每个人也都产生过偏执的情绪，想想你的生活，你有没有在某个时刻固执坚持自己的观点，虽然明知那是错的，你有没有在产生问题的时候，一口笃定是别人的错，而不愿承担责任。这些看似平常的行为或情绪其实也可以叫作偏执，只是我们没有把偏执发展到一种疯狂的程度，我们会在事后冷静、客观地分析事情，从而调节自己的情绪。

儿童时期是一个不断社会化的时期，儿童在这一时期不断地模仿、观察和学习各种情绪的表现以及对事情的解决方式。通过上面介绍的关于儿童情绪的相关理论我们知道，根据学习理论，儿童是在不断的模仿和学习中获得情绪感知的，而儿童最直接的模仿、学习对象就是父母。父母对情绪的解读影响着儿童分析、推理事情的思维和观点，同时也影响他们接受他人观点、控制自己情绪的方式。

留守儿童在生活中，在他们需要学习表达和处理情绪的时候，父母不在身边，缺少一个直接观察和模仿的榜样，这让留守儿童在寻找解决方式的时候很容易走向偏执的一边。并且，留守儿童大多年龄较小，对事情的认识和看法还较为稚嫩，很多事情不知如何解决，很容易产生偏执的情绪特征，这时父母又不能在身边及时引导和更正，间接纵容了留守儿童的偏执情绪，久而久之形成固定的性格特征，不易改变。

六、孤僻

提起孤僻，我们经常会与孤独、孤单联系在一起。孤独是指一种孤单寂寞的感受，是内心渴望与人交往却被冷落的心境，孤独的人一般不排斥也不会厌烦与人交流。而孤僻则通常指一种怪僻的性格，孤僻的人一般不愿与人交往，甚至是害怕与人交往，在他们内心深处，害怕被人伤害，待人冷漠，对周围的人或事抱有戒备、厌烦、漠视的心理。因此孤僻的人常常独来独往，做一些他人难以理解的事情，让人感觉其自视清高，行为怪僻和做作，而他们自己也常常被孤单、寂寞所困扰。孤僻不是一朝一夕形成的，它与人们的成长经历以及所处的环境有很大关系。在一个温馨、和谐的氛围里，人们更愿意袒露内心，与人坦诚相待，在潜意识中他们对人的理解是值得信任和安全的，而如果孩子在认知过程中处于一种压抑、矛盾的环境中，他们很可能对人失去信任，缺乏安全感，进而将自己封闭在自己的世界中，不愿与人交往。

在留守儿童的生活环境中，他们要不定期地与父母分离，儿童时的依恋情结在一次次分离中不断遭到破坏，家庭环境的不稳定使他们缺乏安全感和归属感，更缺少与父母内心之间的情感交流。并且由于父母不在身边，对留守儿童不能事事尽心，很多事情需要孩子一个人去面对和解决，在这个过程中他们难免会产生孤独委屈的情绪体验。尤其是对于父母均外出打工的留守儿童，在爷爷奶奶或亲戚朋友的监护下生活，没有父母双方的关爱和呵护，孤独感会更为严重。有些留守儿童表示，每当在上学或者放学的路上，看到别的同学有家长接送，一家人其乐融融的场景，自己就觉得很羡慕。特别是下雨天，别的同学都有爸爸妈妈送伞，爷爷奶奶由于年岁大，来不了，自己只能请求和别的同学一起回家。想起以前和爸爸妈妈在一起的时光，现在自己却形单影只，快乐没有人分享，痛苦没有人分担，有时甚至有些自卑，觉得其他同学会嘲笑自己被父母丢下。回到家中，没有父母的存在，总是觉得冷冷清清，于是自己也就不愿说话，把自己关在自己的房间里，偷偷流眼泪。

小丽就是这样一位留守儿童，她从小父母离异，跟着父亲，而父亲又常年在外务工，只有让小丽寄宿在姑姑家。面对家庭破裂和亲人分离的双重打击，原本开朗的小丽变得冷漠而孤僻。她从不愿与别人提起自己的家庭，甚至当听到别人说起"幸福""妈妈"等字眼时就会仇视地盯对方几眼，无论是在姑姑家还是在学校，小丽都是一副沉默、淡然的表情。但当我们深入小丽内心时，我们惊讶地听到小丽告诉我们："我觉得很孤单很无助，只要晚上回家，就会一个人在那儿偷偷哭，已经成了习惯，我妈不要我了，我爸又忙着挣钱。我没有依靠，很惶恐。"小丽的这种感受一旦长期不能得到排解，就很容易让他们内心自我保护过强，形成孤僻的性情。

七、自卑

自卑也可以说是一种性格上的缺陷，是人们在生活中形成的一种自我低成就感的情绪体验。自卑在生活中表现为过于低估自己的能力，不能客观、恰如其分地分析自己，觉得自己各方面不如别人，看不到自己的优点和长处，同时可伴有一些特殊的情绪体现，诸如害羞、不安、内疚、忧郁、失望等。自卑的人在面对事情时往往退缩不前，由怀疑自己的能力到不能充分表现自己的实力。自卑的前提是自尊,当人的自尊需要得不到满足,又没有足够的能力去调节时,就容易产生自卑心理。自卑的人在生活中看不到生活的精彩和希望,也不敢去憧憬美好的人生和未来,只能躲在自己内心的阴影中徘徊不前。其实自卑和其他情绪一样,每个人都有过类似的体验,"天外有天,人外有人",当我们面临新的环境,特别是有挑战性的环境时,通常会感到巨大的压力和自卑的感觉。比如,当我们在工作时,自己费尽心力却不能很好完成任务的时候,同事轻而易举地做到了。此外,自卑还有一个很敏感的关联词,就是贫穷。在当今这个高速发展的社会,由于资源分配不均,贫富差距两极化的现象愈加严重,贫穷很容易带给我们挥之不去的羞愧和不自信。根据上面我们学过的情绪的组织作用,自卑情绪的产生使我们更容易看到生活中残酷的一面,如果我们不能在成长认知过程中客观、冷静地分析自身和社会,就会形成一个情绪消极的循环圈,形成自卑心理。

留守儿童因为年龄较小,正处于世界观、价值观形成的关键时期,外界的引导和教育对他们认知世界和他人的思维有很大影响,他们只有在不断的接受和感触中才能形成自己的判断和观点。因此,在儿童心智各方面没有发育成熟之前,大都具有盲目的攀比心理和强烈的自豪心理。但是对于留守儿童来说,父母外出打工给他们塑造了一个特有的精神世界,每个孩子对自己父母的外出都有特定的情绪体验。而一般父母外出务工是由于生活所迫,家境的窘迫让留守儿童很容易在与其他同龄孩子的比较中产生自卑的心理。同时,父母不在身边,他们内心就总是好像失去了坚强的依靠和保护,对人对事总是怯生生,比较在意别人的看法,总感觉低人一等,和有父母在身边的孩子相比这种自卑心理会更加突出,有些留守儿童甚至自暴自弃、丧失信心,学习上不求上进,并且碍于自尊,对人对事总是消极冷漠,害怕出错,逃避各种活动。有些老师表示,这些留守儿童在学校里"老是低着头,不愿意和朋友同学交流问题","下课了,也不去和别的同学一起玩,自己坐在那里"。在他们幼小的心里,这些心事困扰着他们,但他们又很难向父母表达自己的感受,而留守儿童的父母也无法及时对子女表达关爱,这种沟通和交流的缺乏造成亲子之间的心理隔阂,让儿童慢慢丧失基本的心理归属感和依恋感，变得比较孤单、敏感、自卑。

八、逆反

逆反是一种心理状态，是个体为了维持自己的自尊，而对对方的要求采取相反的态度和言行的一种心理状态。逆反心理反复、高频率地呈现，就构成一种习惯性的心理定式，做任何事都要与人背道而驰，并对这种行为津津乐道。在研究逆反的形成机制时我们可以把逆反心理的形成看作是一系列心理活动过程的结果，是指个体在接触外部知识和信息时，对这些知识和信息加以分析并与自身所形成的固有的认知结构相比较，最终做出抵制的态度反应。逆反心理是儿童形成自己的认知体系，并坚持己见的一个阶段。这一阶段，他们认为自己已加入了成年人的队伍，独立的愿望变得越来越强烈，他们一方面想摆脱父母、自作主张，另一方面又必须依赖家庭。这个时期的孩子，由于缺乏生活经验，不能恰当地理解成长，强烈要求别人把他们看作是成人。如果这时家长忽视孩子的这一心理变化和要求，仍然对他们盲目管教，他就会厌烦，产生反抗的心理，就会萌发对立的情绪。

其实每个孩子都有逆反情绪的经历和体验，这一时期的他们在不断认知的过程中，形成了自己的价值观与内心世界。这种转变需要父母家长去沟通交流才能发现，而留守儿童恰恰处于这个情绪心理变化的关键期。父母在外忙于生计，偶尔对孩子的关心也只是表面上的物质需要满足，没有太多的精力和心力去关注孩子内心世界的变化。一旦孩子出现逆反情绪，家长便不问青红皂白，一顿训骂，这就迫使孩子在心里认为父母不理解自己，甚至怨恨父母，形成更强烈的逆反情绪。据了解，还有些留守儿童因为父母不在身边缺乏安全感而总觉得别人会欺负他，加上自己成人意识的膨胀，常常因为一点小事就会计较当真，与人交流时充满警惕甚至是敌意，心中总有一个"假想敌人"，认为大家都针对自己。对老师、临时监护人的管教有比较强的逆反心理。不听从老师的教育，偏要做一些违背纪律规定的事情，来引起大家的注意和重视，比如：打架斗殴、旷课逃学，甚至与社会游手好闲的人在一起不务正业。而当监护人对其加以干涉时便会出现"我爸妈都不管我,你凭什么管我"之类的情绪,一旦监护人无力管教而求助孩子父母时,这些孩子便对监护人及父母产生更强的逆反心理。

九、嫉妒

嫉妒是个体由于自身优越感被破坏而对相应的幸运者怀有的一种冷漠、憎恨、排斥,甚至是敌视的心理状态。《心理学大辞典》中说:"嫉妒是与他人比较,发现自己在才能、名誉、地位或境遇等方面不如别人而产生的一种由羞愧、愤怒、怨恨等组成的复杂的情绪状态。"从嫉妒的内心感受来说,嫉妒前期依次表现为由攀比、虚荣到失落、打击的压力感;中期则表现为由羞愧到屈辱的心理挫折感;后期则表现为由不服不满到怨恨憎恨的发泄行为。嫉妒是一种比较复杂的心理,它包括恐惧、焦虑、自卑、猜疑、羞耻、消沉、敌意、怨恨、报复等负面的心理状态。生活中我们每个人都会产生嫉妒心理,我们因为别人天生丽质的容貌和身材,因为别人无与伦比的聪明和才智,因为别人无法超越的财富和地位,而相形见绌地产生嫉妒和自卑心理与情绪。嫉妒的情绪让人心中充满阴暗,如果一个人陷入嫉妒的情绪中不可自拔,那么他就必然愁容满面地生活在自己阴暗的世界里,不敢光明磊落地说与做。面对别人的成功,自己深受影响,甚至气愤、悲痛,长期下来,不但影响自己的情绪和健康,更影响与人交往的热忱与真诚。这种情绪的存在不但让人煎熬、痛苦,还让人离梦想、成功更远,这样循环往复,很容易陷入情绪的怪圈不能自拔。

嫉妒的情绪来自不良的认知思维,不能正确地认识和看待别人的成功和自己的付出。根据认知理论,这种嫉妒情绪的来源与处理方式受周围环境的影响。留守儿童在情绪形成初期,由于不能与自己的父母生活在一起,看到别的非留守儿童有父母家人的疼爱和呵护,很容易与自身相比较,羡慕他人家庭的温暖与幸福。这种情绪的产生是很正常的一种表现,但是一旦当留守儿童过分关注这种差异,或者受到周围同学、同伴的嘲笑或讽刺时,他们的自我优越感就会遭到破坏。因为每个孩子在内心深处都希望自己在同伴中占有威望和优势,而一旦这种优越感遭到无情打击时,孩子的心理就会由自卑到憎恨最后发展为嫉妒的心理。再加上由于无法与孩子生活在一起，父母为了弥补对孩子的爱，宁肯自己省吃俭用，也要满足孩子各种正当或者不正当的要求，殊不知，孩子的虚荣心正是这样被培养起来的。在这种虚荣心的掩饰下，他们往往更容易自卑、焦虑，甚至嫉妒他人。

小双就是这样一个留守儿童，他是家里最小的男孩，从小娇生惯养，爸爸妈妈对他是拿在手里怕摔了、含在嘴里怕化了，无论小双提出什么要求父母都是有求必应。小时候的小双是同村小朋友眼中最幸福的孩子，因为小双总有别人没有的玩具和新衣服，这让小双一直有一种被人捧着的高高在上的优越感。但是好景不长，随着小双的父母外出务工，小双的生活发生了很大的变化。父母不在身边，有时一两年不回家一次，小双跟着爷爷奶奶，因为上辈人的节俭思维，小双的很多物质要求不能得到一一满足，这让小双在同村孩子之间失去了威望，他也不再是那个父母宠着的幸福孩子了。从被人追捧的高高的位置摔下来的感觉让小双很不适应，他内心的优越感受到极大的打击。每当别的孩子拿出新的玩具，被别的小朋友追捧时，小双总是憎恨地看着对方，觉得对方抢去了他的位置，久而久之，这种嫉妒的种子在小双的内心生根发芽，嫉妒情绪愈演愈烈。

十、冷漠

冷漠是指对他人和外物的一种冷淡漠然的消极心态。冷漠主要表现为对他人漠不关心，拒人千里之外，在与人交往时怀有戒心甚至敌视的情绪。冷漠的人往往不愿与人交流，感情冷淡，不受外物影响，对他人的不幸冷眼旁观，无动于衷，没有丝毫的同情心。冷漠的人给人的感觉就像一块冰，不能温暖别人，也不容别人去接近他的内心，他们往往把自己包裹在冰冷的外壳中，用漠然的眼光去看待人生，渐渐失去应有的热情和同情心。心理学上有个著名的"幼猴实验"。这个实验是把一只刚出生的婴猴放进一个隔离的笼子中养育，并用两个假猴子替代真母猴。这两个假母猴分别是用铁丝和绒布做的。虽然实验者把"铁丝母猴"塑造成一个温暖、耐心且提供奶水的母亲形象，但是实验中他们惊讶地发现，婴猴只在饥饿的时候才到"铁丝母猴"那里喝几口奶水,其他更多的时候都是与"绒布母猴"待在一起。当婴猴在遭到危险时,它会跑到"绒布母猴"身边并紧紧抱住它;但是研究者在后续的实验中发现,"绒布母猴"冷漠的形象使抚养大的猴子不能和其他猴子一起玩耍,性格极其孤僻。于是,研究者对实验进行了改进,为婴猴制作了一个可以摇摆的"绒布母猴",并保证它每天都会有一个半小时的时间和真正的猴子在一起玩耍。改进后的实验表明,这样哺育大的猴子基本上正常了。实验研究结果不但证明了爱存在需要的三个变量——触摸、运动和玩耍,也让我们看到"冷漠是阻止与他人交往的有力工具。"

幼猴的成长和人相似,其性格的发展变化与生活的环境以及生活在一起的人有很大关系。留守儿童在其成长过程中和父母存在空间上的距离,使他们不能经常得到亲人的呵护。没有心灵上的温暖和感动,孩子在内心世界的形成中就会形成坚硬的外壳保护自己,对人对事也变得冷漠、淡然,就像开始的"绒布母猴"和婴猴一样,没有感情的交流,孩子在长大后很容易变得性情冷漠,行为孤僻,不知道如何与人交往。再加上,孩子在儿童期要一遍遍面临父母离开的惨痛事实,每次父母要走的时候他们都要面临一次坚强的疗伤过程。有些父母在孩子哭闹不止的时候还会欺骗孩子,告诉孩子自己马上就回来,而一旦孩子发现父母的谎言,发现自己的感情受到欺骗之后,内心中便会种下仇恨、冷漠的种子,认为连自己最相信的人都欺骗自己,别人的话就更不可信了。于是在一次次的疗伤过程中孩子学会了控制自己的感情,不轻易相信任何人,不轻易付出感情,这样便不会受伤害,久而久之,他们变得冷漠无情,无论对父母亲人还是其他人都表现得漠不关心。

留守儿童负面情绪调适

儿童情绪研究是心理学理论的重要组成部分,在第一节对情绪的成分及其作用的学习中我们知道情绪的发展影响着儿童的健康成长。留守儿童由于其特殊的生活环境,在情绪的发展和认知方面存在一定的问题。但无论是其恐惧、冷漠还是自卑、嫉妒的情绪都能通过一定的管理方式进行调适。近年来,对儿童情绪调节的研究随着个体社会化的深入以及心理教育研究的兴起而逐渐发展起来,其重要性越来越为人们所重视。

有学者认为对情绪调节的定义可分为三种:第一类可称之为适应性界定方式,即强调情绪调节是一种适应社会现实的原情绪和行为反应;第二类可称之为功效性界定方式,即突出情绪调节旨在服务于个人目的;第三类可称之为特征性界定方式,即从情绪调节的某一特征或特性着手,对之加以界定。情绪调节是儿童情绪理解发展的较高阶段。如果说面部表情识别、愿望信念的情绪理解、冲突情绪理解是一个认识自己或他人情绪状态的过程,那么情绪调节就是把对自己或他人心理状态的预测结果体现到具体行为上的过程,即根据对自己或他人情绪的理解采取相应的反应。[18]在对儿童情绪的研究中我们发现,儿童情绪的调节也在随着年龄的不断增长而发生变化。

首都师范大学副教授石长地认为儿童情绪调适发展的特点体现在三个方面。一是独立性日益增强。他认为儿童的情绪调节从依赖他人的支持性的调节向参与性的调节过渡,最后发展到独立进行调节。已有研究发现,儿童情绪调节的第一个阶段是照料者指导的情绪调节,在此阶段,儿童主要依靠照料者提供的支持性情绪调节。随后儿童的情绪调节发展为成人指导下的自我调节,然后随着年龄的增长儿童自我控制能力不断增强,到学龄前期,儿童渐渐能独立运用各种情绪调节策略。二是随意性不断发展。情绪调节主要通过有目的的行为改变引起情绪的改变,儿童情绪调节的随意性常常表现为根据具体的情境选择情绪调节策略。研究者认为,对情境后果的预期是这一现象的重要原因。儿童情绪调节随意性发展还表现为,随着年龄的增长,儿童逐渐能根据社会期望来调节情绪。例如在儿童产生悲伤情绪的时候,他们多会选择寻求支持来调节情绪,当产生愤怒的情绪时,他们会选择解决问题来调节情绪。三是复杂性逐渐增加。儿童情绪调节由反射性向反映性,由受生理不舒服支配向建立依恋对象的工作模型发展。这一发展过程,更多体现着儿童的情绪调节策略的变化。随着经验的增长,幼儿逐渐学会从不同的角度看待压力源,判断压力源是否可控,对情境问题的处理也更具策略性。此外，儿童的情绪调节策略复杂性的增加还表现在内在的感情体验和外部的表情分离。已有研究表明，随着儿童情绪调节分化，儿童可能更多地考虑表情活动的后果，学会控制愤怒和悲伤等负性表情。

针对儿童情绪发展的特点和规律，我们提出以下五种方法来管理和调适留守儿童出现的情绪问题。

一、情绪转移法

我们在分析留守儿童出现的情绪问题时会发现，很多情绪其实是正常的，是每个人都会经历或体验的，而出现情绪问题，大多由于留守儿童长期沉溺于这种负向的情绪不可自拔，没有及时地认识并调节这种情绪，才会出现抑郁、孤僻等问题。一个人之所以会沉浸在他觉得不愉快的情绪中难以自拔，主要是因为他的关注点放在了错误的地方，而这个错误的刺激源就会不断地出现在大脑中，使我们产生负向的情绪。

比如留守儿童在学习过程中因为考试而产生恐惧情绪的时候，他可能会问自己，怎样才能不紧张，但是这种问题只会让他不知所措，适得其反，而如果他把注意力转移到"我为什么会紧张""因为怕考不好""怎样才能考好呢？""把老师讲得内容弄明白"上，这时他会把情绪的关注点转移到复习老师讲过的内容上，紧张、恐惧的情绪便得到了转移和缓解。对待留守儿童生活中的其他问题也一样，当负向情绪出现的时候，要把对负面情绪的关注转移到对问题的分析和解决上来，或者当发现自己沉溺于负向情绪的时候，要将注意力转移到一些令人开心和兴奋的事情上。因为情绪的感染作用，留守儿童可以让自己脱离或者逃避消极情绪的氛围，走出房屋，与同伴交流嬉闹，让愉悦的氛围感染自己，这样也能缓解情绪，防止沉溺而不可自拔的后果了。

二、表情改变情绪

在上面第一节的介绍中，我们知道情绪的成分包括生理成分、体验成分和表情成分。我们的每一种情绪和感受都连着一种固定的表情，我们感知别人的情绪时也是一样，当看到对方眉开眼笑的时候，我们就可以断定他处于愉悦的情绪之中，而当一个人愁眉苦脸的时候，我们基本可以断定他正处于悲伤、痛苦的负向情绪中。也因为情绪与表情的关系是相通的，当我们出现某种表情时，我们自己最先能感知自己的情绪，而当我们出现某种情绪时，我们也能推断自己脸上的表情是怎样的。这种固定思维的存在也为我们调节和管理情绪提供了好的方法。

我们可以做一个小的练习，假设你正在一片芳草地上悠闲地坐着，请你面露笑容，感受自己心情的变化。然后换一种表情，做出眉头紧锁、愁眉苦脸的样子，感受自己情绪的变化。是不是会发现，面部每块肌肉的变换都能连着内心情绪的波动。留守儿童在面对生活的诸多不如意时，可以用这种方法来改变自己的情绪。当出现心情低落、肩膀下垂，走路如灌铅似的时，别忘了表情会引导情绪，深呼吸，抬起头，脸上堆起笑容，会顿时感到自信与愉悦的情绪出现。这种表情改变情绪的方法可以循序渐进地去练习，养成习惯性的快乐表情，情绪就会真的从负向的低谷走出来。

三、提高认知水平

我们知道儿童的社会认知能力决定了儿童对事物的认识和看法，进而影响他们在面对事情时所表现出来的情绪。留守儿童在认识外界事物和对象时会通过自身的认知结构和知识经验对刺激情境做出反应，对于不符合自己认知结构接受范围的刺激源则会出现负向、消极的反应和情绪。因此，情绪的处理方式和表现方式与孩子的认知水平有很大关系。留守儿童的父母及其监护人在平时的教导过程中可以重视这方面的引导，丰富留守儿童的情绪接纳度，养成他们宽容、从容的性格特征。由于父母不在身边，监护人就担负起以身作则的榜样，在遇到问题或者困难时，从容面对、冷静分析，合理处理情绪。留守儿童也应培养自己健康的情绪，让自己在逐渐社会化的过程中获得正确的认识，不断提高认识水平，学会用理智分析问题并控制自己的情绪，避免不良情绪的肆意泛滥。

四、正确认识情绪处理方式

与上文中的认知水平决定情绪的感知和处理方式一样，对外界刺激物不同角度的认知也决定着我们情绪的表达。我们知道每个人不是天生就会愤怒，而是通过学习得到的，当留守儿童处于儿童期的时候，如果他每次的哭闹都能换来自己想要的东西，满足自己的各种需要，那么他就习惯用哭闹来表达自己的情绪，进而达到自己的目标。如果他的哭闹没有引起人们的注意，更大声的哭闹没有引起人们的注意，进而大发脾气、摔打东西终于引起了他人的注意，那么他就习惯用愤怒的情绪来达到自己的目标。其实对于他们来说，他们明知自己没有愤怒到摔打东西的程度，只是这种情绪的处理方式已经成为一种工具。留守儿童在这种习惯式的情绪处理过程中应该尝试着改变这种思维怪圈，并且随着认知水平的提高认识到这种情绪的处理方式并非是博得他人关注的有效工具，学会控制这种负向情绪才能更多地得到他人真正的认同和接受。

五、及时清除情绪垃圾

情绪是一种感知体验，喜、怒、哀、惧每天都出现在我们的生活中，对于留守儿童来说，父母不在身边陪伴，快乐的事不能及时与之分享，悲伤的事也不能及时与之沟通，久而久之，很多情绪积压在心里，甚至不愿与人分享。情绪垃圾如现实中的垃圾一样，如果不能及时排出就会堆积如山，发出恶臭，通过个体的言行举止发散出去，让人感觉到心事重重，加重了留守儿童的心理压力。因此，留守儿童在父母不在身边，不能及时沟通的不利环境中，更应该树立及时清除情绪垃圾的主动意识，寻找各种途径和方法，如和同学、朋友分享沟通来排解情绪。

第 11 章

留守儿童的网络心理健康

网络时代，一个让人们进入虚拟世界的时代，它让我们的生活、学习与工作都产生了质的变化，更加方便、快捷，共享着全世界的资源，但与此同时，网络成瘾这一个"瘾"，也由此孕育而生。

留守儿童由于身心发展尚不成熟，在缺少监护人看管的情况下，极易陷入网络的漩涡中。一旦网络成瘾，不但对学业造成严重危害，还会扭曲其性格和价值观，使其与现实生活脱节。长此以往，网瘾青少年甚至难以适应社会，走上犯罪道路。

网络成瘾概述

一、何为网络成瘾

（一）概念界定

随着网络时代的发展，人类社会的交往模式和生活方式产生了巨大的变化，沉浸在网络世界中渐渐成了现代社会主要生活方式之一，当人们享受互联网带来的便利与娱乐时，有一个词出现在我们生活中，即是"网络成瘾"。网络成瘾不单单是一个心理或者生理问题，也是一个社会问题。而网络成瘾者中，最多的当为年轻人。

依凡·葛尔伯格（IvanGoldberg）在1997年确立了网络成瘾综合征（IAD）的理论化病态并且正式承认其研究价值，将其定义为在无成瘾物质作用下的上网行为的冲动性失控，表现为过度使用网络导致个体明显的社会、心理功能损害，产生学业荒废、人际关系疏远等不良后果。

传统意义的"瘾"总是与具体的带有毒性的消费品相关联，具有一定的生理基础（如"毒瘾""烟瘾"和"酒瘾"），所以当美国精神病学家戈德堡在1994年首次提出"网络成瘾"这个概念后，临床医院与学术界对它的争议源源不绝，绵延至今。可以说，目前学术界对网络成瘾的研究仍旧处于探索阶段，学者对网络成瘾还没有一个较为统一的看法，也没有较为成熟的理论来解释与分析网络成瘾。但这种对个人心理及生理造成损害的"瘾"确实是存在的。

最早的网络成瘾研究者扬（kimberly·S·Young）认为，网络成瘾和药物依赖不同，它是指在无成瘾物质作用下人们上网行为冲动失控，表现为该行为导致社会和心理的适应行为损伤，典型表现为生物钟紊乱、睡眠障碍、情绪低落、思维迟缓、社会活动减少、自我评价降低等，严重时会产生自杀的意图或行为。我国台湾学者周倩认为，网络成瘾是重复地使用网络所导致的一种慢性或周期性的着迷状态，并产生难以抗拒的再度使用的欲望，同时会出现想要增加使用时间的张力、耐受力及克制退瘾等现象，对于上网所带来的快感会一直有心理和生理上的依赖。

（二）网络成瘾的类型

互联网本身作为人类生活生产的主要工具与媒介之一，自身是没有好坏之分，始终是中立的，从大的方面讲它甚至便利了人类社会的生存，提升了人类的生存质量。学者对网络成瘾的认识最主要的是区分对网络的合理使用与对网络的病理性使用。

我们不能用每天上网时间的多少去衡量是否网络成瘾。根据扬在1996年的研究，网络成瘾类似于病理性赌博，它们都涉及行为的强迫性（compulsory nature），因此，他将网络成瘾界定为一种被网络使用冲动控制的紊乱失序。在她看来，网络成瘾是一个包含一系列不同的行为与冲动控制的问题，至少包括以下五种类型：网络性爱成瘾（cyber-sexual addiction）——为了网络性爱与网络色情强迫性地使用互联网；网络关系成瘾（cyber-relationship addiction）——过度卷入到聊天室、即时通信工具中与人的交往；强迫性网络交易（net compulsion）——沉迷于网络赌博、购物等难以自拔；网络信息成瘾（information over-load）——强迫性地浏览网页或搜索数据；电脑游戏成瘾（computer addiction）——着迷于各类在线游戏。

很多调查表明，目前我国青少年的网络成瘾类型主要是第二种和第五种，尤以第五种居多。青少年上网成瘾主要是迷恋网络游戏引起的，大多数学生将网络视为游戏互动中心，而非学习的工具。

（三）网络成瘾标准

依凡·葛尔伯格提出了诊断网络成瘾的十条标准：（1）下网后总是不忘网事；（2）不满足上网时间；（3）无法控制上网的冲动；（4）一旦减少上网时间就会烦躁不安；（5）总是想借助于网络缓解压力；（6）视上网比学业更重要；（7）为上网而不惜失去重要的人际交往和工作；（8）不惜支付巨额网费；（9）不愿向亲友吐露频频上网的真相；（10）下网后有焦虑、失落感。只要满足以上10条中的5条，就可以诊断为网络成瘾。

二、网络成瘾的影响因素

目前学术界把影响网络成瘾的因素分为三类：生理因素、心理因素和社会因素。

（一）生理因素

米切尔（Mitchell）研究发现长时间上网会使大脑中的多巴胺水平升高，这种化学物质令个体呈现短时间的高度兴奋。如果这样刺激是经常性的，大脑则会强化这种化学反应，从而产生成瘾行为。这被认为是造成网络成瘾的重要神经生化事件。米切尔认为遗传或先天因素、脑化学失衡及神经递质，包括染色体、激素及某些控制大脑活动或其他神经系统活动的化学物质或神经递质的过剩或缺乏会导致某些个体对成瘾的易感性。这可能在一定程度上揭示了网络成瘾的生理或医学基础。

(二) 心理因素

网络成瘾者往往具有独特的人格特质:

1. 抑郁

扬的研究表明,中度至重度的抑郁水平与网络成瘾存在相关。林伟等对医学大学生情绪状态进行研究,结果表明,网络成瘾倾向者和网络使用过度者的抑郁和焦虑程度大于正常网络使用者,抑郁是与网络成瘾关系密切的一个重要因素。

2. 孤独感强

王滨对大学生孤独感与网络成瘾的关系进行研究,发现网络成瘾倾向者比非网络成瘾倾向者更容易形成孤独感,对网络的依赖性越强,上网时间越长,孤独感越强。

3. 幸福感弱

崔丽娟和梁宁建等人研究了网络成瘾与大学生幸福感以及社会性发展的关系,结果表明,生活事件的消极应对方式降低了网络成瘾者的幸福感,社会支持提高了其幸福感。对网络的依赖显著影响了大学生的主观幸福感与社会疏离感。

4. 其他心理因素

国内外很多研究发现,网络成瘾者与非网络成瘾者在某些人格特征上有差异,容易沉迷网络的人的个性特征主要有:焦虑、低自尊、缺乏动机、寻求外界认可、害怕被拒绝及存有自杀念头等因素。并且,网络成瘾者的心理健康程度较低,适应性低,胆怯,缺乏自律的倾向。

(三) 社会因素

许多研究表明,网络成瘾与客观的社会因素有关,包括家庭环境、社会支持、人际关系等。人需要他人与社会的认同,需要一种归属感,只有在得到了社会的接纳和承认之后,才能够形成稳定的自尊感和自我同一性,获得自信和安全感。大量研究证明,人际交往、社会支持等各种需要的满足感与网络成瘾相关。互联网能够给使用者高度的认同和强烈的归属感。第一,网络世界认同与现实相距甚远的理想自我。现实中,人们经常不能成为理想中的样子,但在网络世界中,没有人能知道你是谁,你的真实面孔完全被隐蔽在屏幕之后，呈现出来的是美化后的那一面。因此，理想自我和现实自我以一种虚拟的形象融为一体，网络给了使用者现实中可能不会得到的认同感。第二，社会认同理论认为，群体的成员资格会带给人们一种个人身份感和自尊感，同时，也给网络使用者带去强烈的归属感。

1. 网络成瘾的干预及治疗

（1）药物治疗

由于网络成瘾和生理因素有关，所以有一部分研究者运用药物治疗网络成瘾，主要用抗抑郁药和心境稳定药。在沙皮拉（Shapira）的研究中，有5人（35.7%）报告明显或非常明显地减少了上网行为；24名使用单一或多种心境稳定剂的成瘾者中，有14人（58.3%）收到了满意的效果。用药物治疗网络成瘾尚处于尝试的阶段，还需要进一步的深入研究。

（2）心理干预

心理干预是指个体在遇到心理挫折与危机的时候，采取第三者介入治疗分担的方式，对其进行干预并引导重新正常生活的一种心理治疗方法。心理疾病的临床干预我们已经不陌生了，但是由于网络世界发展时间较短，所以网络成瘾的临床心理干预起步较晚，数量也不多。目前最常用认知行为疗法（CBT）来治疗网络成瘾，戴维斯（D.D.Davis）提出的认知行为疗法：定向、规则、等级、认知重组、离线社会化、整合、通告。整个治疗过程需要11周完成，从第5周开始给患者布置家庭作业。这种疗法强调，要了解患者的上网认知成分，让患者暴露于他们最敏感的刺激面前，挑战他们的不适应性认知，逐步训练他们上网的正确思考方式和行为。而扬考虑到互联网的社会性功能，根据其他成瘾症的研究结果和他人对互联网成瘾的治疗，提出了自己的认知行为疗法：反向实践、外部阻止物、制定目标、节制、提醒卡、个人目录、支持小组、家庭治疗。这是从时间上控制、认知重组和集体帮助的角度提出方法，强调治疗应该帮助患者建立有效的应付策略，通过适当的帮助体系改变患者上网成瘾行为。

留守儿童网络心理行为特点

一、我国青少年网络成瘾现状

中国是一个互联网大国。根据 2019 年 2 月公布的第 43 次中国互联网络发展报告:"截至 2018 年 12 月,我国网民规模为 8.29 亿,全年新增网民 5653 万,互联网普及率达 59.6%,较 2017 年底提升 3.8 个百分点。手机网民规模达 8.17 亿,全年新增手机网民 6433 万;使用手机上网的比例由 2017 年底的 97.5%提升至 2018 年底的 98.6%。"(中国互联网络信息中心,2019,第 19 页)根据这份报告,有 21.6%左右(1.79 亿左右)的中国网民的年龄都在 19 岁以下。随着青少年网民总数的攀升,青少年网络成瘾问题变得日益突出。

网络成瘾对广大青少年的生理、心理与社会性发展造成了严重的影响,甚至诱发了他们反社会行为的产生。网络成瘾者经常长时间沉溺在电脑前,容易遭受计算机电磁辐射的侵害,对其视力可能产生无可挽回的危害。有资料表明,过度使用互联网可能给青少年身体的几乎每一个系统都产生负面影响,他们的身体机能更容易出现病变。例如,在过度使用互联网的孩子中,具有肥胖倾向的占 12.1%,出现过腰、脖子和肩膀疼的占 22.2%,有手腕疼症状的孩子占 10.3%,体质不好容易感冒的占 7.9%,眼睛疲劳视力下降的占 37.2%,睡眠不好甚至失眠的比例达 15%(陶然等,2007)。在心理层面,网络成瘾者容易患上信息焦虑综合征等多种心理疾病,他们更容易角色错乱、人格异化,变得自恋、偏执,甚至形成反社会人格。与此同时,由于将大量的时间投放在网络之中,青少年在现实社会中的学习与生活往往遭受严重影响,表现为学习动机减弱、成绩下降,与同学、家长和老师的关系僵化,从社会中退缩。在网络色情、网络暴力的影响下,一些青少年走上违法犯罪的道路,还有众多的青少年则成为违法犯罪的受害者(陶然等,2007;刘斌志,2008)。

在我国网络成瘾青少年当中,有这样一个群体,他们生活在农村,父母双方或单方外出打工,和祖父母、外祖父母一起生活,抑或由其他亲属监护,更有甚者独自在家生活。这些孩子中相当一部分沉迷网络。对于网络成瘾,有专家预测:第一,网络成瘾人数会以很快的速度增加。第二,网络成瘾的发生年龄,会逐渐向低年龄段扩展。第三,在"农村是网络发展的巨大空间"的现实面前,我们不得不注意到,网络成瘾的人群中,农村的孩子将更容易受到影响,更容易染上网瘾。

对于留守儿童来说,由于学习、生活、娱乐等原因上网,原本无可厚非,但是大部分孩子缺乏父母的关爱、家庭的温暖,监护人对孩子也疏于教导,学校老师也难以顾及太多的留守孩子,留守儿童对鱼龙混杂的网络缺少鉴别力,而在家庭中不能得到相应的情感满足,使得他们在网络中寻找安慰,最终不可自拔。

二、留守儿童网络成瘾原因分析

留守儿童和其他青少年一样,网络对他们的吸引力同样相当强。而农村留守儿童的实际心理状况和生活环境又使其和一般青少年的特点不尽相同,对农村留守儿童网络成瘾原因也有相应的分析。

(一)自身心理发展规律的原因

儿童是个体交往需要非常强烈的时期。此时,儿童的自我意识、独立欲望、自尊心都明显增强,内心世界一般不愿轻易向他人袒露,在他们的心理发展上呈现出封闭性的特点。农村留守儿童,在呈现上述心理发展特点的同时,更容易心理恶化,因为家长不在身边。即使父亲或母亲一方在身边,多数情况下,由于父母、监护人的认识不足,他们的心理需求无法被满足。比如,日益加强的自我意识和强烈的自尊心。这样的状况,就会导致这些孩子,除非找到"知心朋友",否则,他们宁愿"痛苦",也不愿敞开心扉。当偶尔接触网络后,他们发现网络可以填补这项空白。通过互发电子邮件或聊天、在线游戏等方式进行交往,可以向对方隐瞒自己的真实身份、年龄、性别特征,甚至隐瞒了自己是农村人这样一个他们认为处于劣势的群体性特征,使交往可以随心所欲、无所不谈。避开现实中面对面的压力,从而可以畅所欲言。既宣泄了因为心理闭锁而产生的烦恼,也满足了交友的心理需要。

在农村儿童因自身心理发展规律原因而网络成瘾中，还有这样三个突出的方面：

1. 儿童正处在性意识从萌芽到日渐明确和成熟的阶段，他们对性的认识和理解具有模糊性，时常被"性意识"和"性冲动"所困扰，他们有了解的需要。再加上农村的人们认识相对闭锁，思想相对滞后，学校性教育有待完善，可以说，农村孩子获得性知识和性教育的渠道是不通畅的，而恰恰是网络，却能满足儿童在这方面的强烈好奇心。可以说，许多孩子迷恋网络，有登录色情网站的经历，开始都是为了满足了解的冲动，又不敢向大人倾诉或没有倾诉的对象，久而久之，为网络成瘾打下了基础。

2. 相对于城市儿童，农村儿童自我控制能力普遍较弱。处在成长过渡阶段的学生，尤其是小学生，自我控制能力一般都比较差。这是孩子生理、心理发展的规律。在我们的调查中，不少孩子表示，虽然也知道应该控制上网的时间，但自己却又控制不了。有一个孩子，为了克制自己的上网欲望，甚至让同学把自己的鼠标和密码都藏起来，却仍然无济于事。一个跑到网吧上网玩网络游戏被妈妈逮个正着的孩子对他妈妈说："我知道这样做不对，我本来是不想进去的。可是我控制不了自己，是我的脚要往里走的。"事实证明，自我控制能力差的孩子，一旦上网欲望得不到有效疏导和控制，就很容易上瘾。农村留守儿童在这方面可以说处于劣势，也是留守儿童更容易网络成瘾的原因之一。

（二）家庭教育原因

我们要了解留守儿童家庭教育因素对孩子网络成瘾产生的影响，势必先探讨农村留守儿童家庭状况。

1. 农村留守儿童家庭监护现状

段成荣教授等运用第五次全国人口普查资料，将留守儿童的家庭结构分为如下六种情况：

第一种，儿童单独留守家中占 4.41%。根据实际生活情况的调查，这种类型主要有两种情况：其一是儿童年龄偏大，父母流动在外后，将儿童单独留在家乡，儿童独立生活。其二是父母外出后儿童表面上为单独留守，但在实际上由居住临近的亲属提供帮助。这种情况相比较，后一种更为普遍。

第二种，父亲外出流动后，儿童与母亲单独留守占 7.37%。

第三种，母亲外出流动后，儿童与父亲单独留守占 2.46%。

第四种，父亲外出后，儿童、母亲与其他亲属共同生活在一起，占 25.96%。

第五种，母亲外出流动后，儿童、父亲与其他亲属共同生活在一起，占 8.04%。

第六种，父母双方均外出流动，儿童留下来与其他亲属共同生活在一起，占 51.76%。

从这样的分类中，我们不难得出这样的几个结论：

（1）多数孩子的家庭教育是缺失的。尤其是父亲影响缺失显得更为严重。因为留守儿童能够与父亲一起生活的只占留守儿童的 10.5%。

（2）单亲监护人面临超重劳动负荷和生活上的身心压力，必定影响家庭教育质量。

（3）留守的单亲，往往在文化素质上偏低，也不利于孩子的教育。

2. 留守儿童家庭教育中存在的问题

由于留守儿童失去父母的直接监护或者只有单亲监护，他们的成长在家庭教育这一块存在突出问题：

第一，生活方面。如果留守儿童有单亲监护，一般情况下生活方面不会受太多影响。因此这里主要指的是隔代监护和寄居他人家的留守儿童。这些孩子在生活中，因为父母的离开，普遍觉得生活照料方面不如以前，尤其是生病时，普遍反映得到的照顾不到位。

第二，学习方面。相当数量的留守儿童因父母外出而失去了学习上很好的监督。这些学习缺少监管的孩子，其学习态度逐渐散漫，部分会出现迟到、旷课、不交作业等不良现象。有些逐渐地发展，由厌学到逃课、辍学。

第三，交往方面。留守儿童因父母的外出，在交往方面出现问题较多的是：与一些有问题的少年交往的概率增大；监护人为安全起见，强迫孩子不许出门，影响了他们的正常交往；留守单亲限制孩子的正常交往。

第四，心理方面。许多留守儿童长期处在单亲或隔代的监护中，心理上多数会产生孤独感、焦虑感、自卑、沉默，甚至形成孤僻或者任性的极端性格。有的会因父母不在身边而出现不安全感。

弄清这些问题后，我们就来分析一下农村留守儿童网络成瘾的家庭教育方面的原因。其实，在分析农村留守儿童家庭教育中存在的问题中，已经潜在地在讨论农村留守儿童的网络成瘾的原因了。

（1）家长掏钱把电脑搬回家，没有能力指导和监控孩子的上网。父母在外劳动、工作，只负责了把电脑搬回家，具体孩子用来干什么，他们一概不知，全凭孩子自主学习和操作，这样就给孩子网络成瘾创造了条件。

（2）父母长期在外，造成与孩子交流不畅，这其中包括生理的了解，心理的烦闷排解，诸如女孩子的生理周期问题，心理了解问题等等，造成家庭教育、亲情交流沟通的缺失。这样就把孩子推向了网络。他们认为网络、网友比自己的父母更亲近，逐步地形成对网络的心理依赖。

（3）隔代长辈教育孩子的理念、方法上的过于陈旧，与当下孩子的心理发展产生冲突，孩子逐渐地把自己闭锁起来，只能找网络来解决，助长了网络成瘾的可能性。

（三）学校教育原因

1. 升学的压力

许多人可能忽略了这一导致留守儿童网络成瘾的原因。可以说这是农村留守儿童网络成瘾的一个重要原因。在农村，留守儿童这个群体中，升学压力相对于城镇或者家庭条件好的孩子要大得多。父母在外打工，给了他们更多的反思，也带来了更大的压力。他们的紧迫意识、危机意识更强。同时我们必须清楚，他们的这种压力是需要缓解的。当这些压力令学生喘不过气来，出于缓解压力的目的，他们开始接触网络，之后发现网络很轻松，可以缓解和尽情释放心理压力，逐渐无法自拔，染上网瘾。

2. 学校教育对留守儿童问题重视不足

留守儿童是个特殊的群体。他们的特殊性体现在很多方面，比如留守儿童在心理上都不同程度存在"被爱"不足的心理。在家庭教育中，他们或缺少父爱，或缺少母爱，抑或全部缺失，于是他们便有了寻求补偿的需要。那么，学校中的老师就成了他的首选。如果学校教育对他们的这种心理认识不足，或者完全忽略，孩子便会"移情别恋"，最直接的就是营造网络上的关爱与被关爱。

3. 学校对家庭教育的重视不足

毕竟家长不是专门从事教育事业的人，他们对孩子的心理规律的把握只处于感性的阶段，存在天然的不足。但老师就不一样了。老师是专业人才，家长是需要老师给予他们指导和帮助的。如果老师能把留守儿童的心理作为专题，做好相应的留守儿童家长教育讲座，专门讨论孩子们为何容易爱上网络，我想效果一定会是很好的。

4. 破罐破摔，压抑中寻求解脱

这里涉及任课老师的问题。留守儿童由于家庭教育的缺失，很容易出现成绩差、纪律性差等现象。如果任课老师不去探究内部的根源所在，只一味归咎于孩子"有人生没人养"等等一系列认识不深刻的理由，那么孩子就会自然产生一种心理，我是没人管的孩子，反正是学不好的，那我就谁也管不了。反正我也是学不好的，这样的心理就会在原来的基础上悄然升级。坏孩子都干什么呢？上网呗。久而久之，为网络成瘾打下了"坚实"的基础。

5. 老师的教学能力与水平的问题

农村的师资队伍这些年虽然有所提高，但整体能力还是有待提高的。留守儿童回到家找不到人辅导，来到学校，老师的教育、指导方法又过于简单，当然上网比做作业有意思多了。

（四）社会原因

许多学者都对青少年网络成瘾的社会原因做了阐述，结合农村留守儿童的特点，有如下两个突出的方面。

1. 社会关注明显不足，导致农村留守儿童网络成瘾

农村留守儿童是社会的一个弱势群体，前面已经说过。但是，在农村，对待留守儿童上网问题，没有形成大家重视、共同努力的社会认识。如果我们身边的各方面都重视这些孩子的上网问题，营造一个好的引导环境，我想是对避免留守儿童上网成瘾非常有好处的。

2. 追求时尚，唯恐落后的社会风气导致留守儿童网络成瘾

追求时尚本来是每个人都有的普遍心理和正当心理。当留守儿童的这种心理得不到正确的引导，只停留在表面，被这种上网的社会潮流卷进去的话，农村留守儿童很容易无法自拔。

三、留守儿童网络特征

（一）上网目的

根据对上网目的的考察，可以得出，网络成瘾的孩子和非网络成瘾的孩子有很大的区别。成瘾的孩子更加偏向于网络的娱乐性与网络信息的感官刺激，成瘾孩子上网玩游戏和进成人网站明显多于没有成瘾的孩子。非成瘾的孩子使用网络，更倾向于使用网络为学习和生活服务，使用网络查找相关资料，浏览新闻，进行正常的即时通信。非成瘾者这一类孩子更能控制自己的上网时间，合理安排自己的生活与学习。

（二）性别差异

同时，上网的目的也表现出性别差异，女生大多沉迷于网络即时通信，如聊天软件和网络论坛等能够满足其人际沟通需求的工具。而男生多数沉迷于能够满足其青春期的英雄主义与性冲动的网络游戏与色情网站中。这主要和男女生青春期的个体需求有关。女性更喜爱表达自己的想法，男性更倾向于控制与掩盖。例如，当遭遇压力的时候，女性通常会找他人倾诉与交流，以期排解心中的郁结；而男性却更多地压抑自己的情绪，或将此低落失望情绪转化为暴力。

（三）人格特质

有研究表明，具有神经质特质的孩子可能更容易成瘾。神经质人格的典型表现是，对芝麻小事紧张兮兮，性急，脾气暴躁等，有三种表现：第一，完美主义倾向，要求所有的事情十全十美，吹毛求疵；第二，自卑倾向，太过在意别人或小事情，即对于别人考虑得太多，喜欢钻牛角尖；第三，过度关心自己的身体状况，旁人常以怕死、想不开、神经衰弱来形容这种情形。这三种倾向也许会同时发生在一个人身上，不过不同的人所表

现出来的倾向和症状都是不相同的。

这三种表现在留守儿童身上都不难发现,尤其是第二种——自卑倾向。留守儿童,尤其是处在青春期的留守儿童表现更为明显,在人际交往过程中,更加注重自己的姿色、容貌、身材、口才、表现、自我能力、给别人的印象等等,而对他人的细微反应更为敏感。由于家庭的特殊性,留守孩子自身认同感低下,使其在生活中不愿与他人沟通与交流,避免人与人之间的互动。而网络世界给了孩子一个出口,在网络中,孩子不必在意自己的外表、身份、家庭等等让他自卑的因素,能在网络中重塑自我,获得成就感。此外,网瘾孩子缺乏家长、老师的监管,缺乏自制力,容易一再延长上网时间;同时,强迫特征使其遭受戒网失败的负面情绪,如沮丧、紧张等,并再一次加深了他缺乏时间管理的自我认同,又导致了低自尊,再一次进入网络世界寻找安慰。如此循环往复,网瘾只会越来越严重。

网络对留守儿童心理需求的满足

一、案例分析

九年级学生李某,学习成绩一般,在校期间基本遵守纪律。性格比较内向,腼腆,不善于语言表达,没有什么较好的朋友,上学放学基本独来独往。家庭经济状况接近小康,家里有爸爸、妈妈,还有一个姐姐,均在外地工作。李某成为一名留守学生。

一年前,李某的母亲外出工作之后,李某开始有旷课、逃课现象,班主任向李某家打电话却无人接听;李某上课时无精打采,成绩快速下降,脸色也显得苍白。由于李某一直不愿意向老师提供父母的手机号码,所以班主任老师一直没能与李某的父母取得联系。

直到两个多月前,李某父亲回家,家长和老师才有机会对李某的种种行为表现进行沟通。通过家长多方查访,最后发现,李某不但迷上了网络游戏,还深深地堕入网恋之中。

李某迷上网络,既在意料之外也在情理之中。其一,李某是个性格内向的孩子，在学校朋友很少，不善于言语沟通，当他进入网络，运用文字和人顺利沟通的时候，他自然会感到快乐。青少年发展过程中的自我认同，源于父母、老师、朋友的认可，需要他在他人面前表现自我。李某的不足正好在虚拟的网络世界中得到了弥补，他在网络中不再感到孤独。其二，青少年时期的留守学生，对一切都感到好奇，学习能力也相当强，但是却缺乏自制力，需要成人的指导和监督，而留守儿童长期缺乏父母的监督和教育，他们生活不受约束，更容易放纵自己，对网络更加没有免疫力，一旦上瘾，没有监护人的及时纠正，就会越陷越深。

从上述案例来看，留守儿童对网络产生依赖很大程度上源于网络能够给留守孩子带来心理上的满足。

二、网络给留守儿童的心理满足

1. 网络满足了青少年的求知需要

青少年在成长过程中，对参与社会活动表现出特有的主动性和积极性。网络用虚拟的手段为人们尤其是青少年开启了一个全新的文化空间，网络不仅为青少年带来一种新的生活方式、学习方式，而且以其丰富的信息资源吸引众多网民走进精彩纷呈的网络世界。青少年有了解更多的外界信息的需要，网络正好是这样的一种工具，为青少年开阔眼界、更新知识、调整经验结构、适应社会提供了便利。可以说，网络青少年的第一心理就是求知心理。

2. 网络满足了青少年的交往需要

青少年正处在身体发育成熟和心理发育尚未成熟期，加上一些其他原因，如独生子女家庭的增多，代际的交往不畅，以及同龄人之间的竞争关系导致的距离感，青少年在现实生活中的交往需要可能得不到满足。而网络以虚拟性、间接性、平等性等特点，从某种程度上满足了孩子们的交往需要。

3. 网络满足了青少年的情感宣泄需要

青少年在现实生活中遇到挫折或因某种原因心情不愉快时，可以在网络中倾诉和宣泄。网络交往的平等性和匿名性使他们在表达上拥有安全感，从而满足他们的情感宣泄需要。

4. 网络满足了青少年的休闲娱乐需要

学习生活之余，孩子们也需要休闲娱乐，以放松身心，调节大脑机能。网络上的音乐和游戏，可以帮助孩子们调节身心，满足休闲娱乐需要。

5. 网络满足了孩子们求新猎奇的心理需要

好奇心和感觉寻求是个体成长的各个阶段的共同心理动机。网络丰富的内容可以激发青少年的网络趋近行为。一些网络青少年把网上猎奇和寻求刺激作为上网的主要目的。"网络就像海洋，只要一打开网站，我马上就觉得自己是一位水手，就想到处去冒险。"这是一名中学生对上网的感受。

6. 实现自我表现

孩子的心理特征之一，是他们既有表现欲望，希望被他人关注，获得赞许和尊重，又担心被他人轻视和嘲笑。自尊心很强也很脆弱。他们内心实际上涌动着强烈的自我表现欲望，使他们不断寻求机会加以满足。在虚拟的网络世界里，青少年可以根据自己的愿望，尽情表现自我，以满足自我表现的需要。

培养健康的网络心理

我们既了解了网络成瘾的特征，也分析了留守儿童的网络心理特点。如何让孩子正常健康地运用网络，不过度沉迷网络，需要从以下几个方面着手。

第一，注重农村留守儿童的心理疏导工作，避免网络成瘾。我们以往的做法，忽略了孩子自己的心理需求，加上农村家长在这方面的认识不深刻，或即使意识到了也没有相应的指导能力，学校教育中也缺少专门的心理咨询老师，大多数人都忽略了留守儿童的心理疏导工作。这个年龄段的孩子对外界充满了好奇心，他们有权利更多地了解世界与社会，这也是他们将来面临社会的一种能力。那么，我们首先要明白，堵是堵不了的。唯一可能的方法就是更多地了解孩子们的心理需求，掌握这些年龄段孩子的心理特点，从而针对这些需求和特点加以疏导，引领他们往良性方面发展，避免网络成瘾。

第二，帮助留守儿童正确认识互联网的利弊，从主体认识上避免网络成瘾。许多留守儿童上网都是受了他人的影响。有人告诉他上网很好玩，于是他们便也玩上了。具体的对网络的利弊，在他们的脑子中是没有认识的。我们要做的就是帮助留守儿童认识互联网的利弊，让他们从心里知道：网络利用好，将对我们大有益处；如果运用不好，便会误入歧途，得不偿失。让留守儿童认识互联网的利弊的方法可以是多样的，如：开专门的讨论会、主题班会，开设专题课，请专家和受害者讲自己的认识经历等。

第三，引导留守儿童树立自我保护意识、健康成长的意识。农村留守儿童往往处在一个渴望被重视、被关注的心理状态中，于是他们好表现。映射在上网问题上，他们开始可能是出于表现心理才上网的，"别人是游戏高手，我也不差"。孩子们由于在上网的过程当中，缺乏自我保护意识，不知道"拒绝"网络的诱惑，便很有上网成瘾的可能了。

第四，学校中，努力建设平等和谐的师生关系。让孩子处在关爱中，正确引导孩子上网，避免他们网络成瘾。留守儿童由于父母双方或单方外出，他们的感情需要往往是得不到满足的，长辈的关爱在某种程度上是缺失的。如果在学校教育中，所有的老师和学生之间能建立平等和谐的师生关系，让孩子缺失的情感在老师的关爱与尊重中得到弥补，他们抵御网络诱惑的能力就会大大提高。即使是有人网络成瘾，教育起来也会相对容易好多。

第五，加强学校与家长的联系，避免留守儿童网络成瘾。在这里，我们所说的"家长"一词，包括两方面的内容。第一是在外地的家长。有的人在处理留守儿童网络成瘾的问题时，总说，他的家长也不在家，怎么和他们谈孩子的问题。可是，如果我们做好学校与在外地家长的沟通，让在外地的家长及时了解孩子的状态，对引导孩子正确处理上网及戒除网络成瘾是极有好处的。第二，家长也包括在家抚养孩子的这些长辈。我们也要做好与他们的沟通与联系，让他们也认识到孩子的情况，和他们联手共同努力处理好留守儿童网络成瘾的问题。

第六，做好家庭教育指导工作，具体指导相关各方帮助孩子戒除网络成瘾。孩子网络成瘾已经形成事实，但许多家长和老师只是互相推卸责任，就是不想想如何帮助孩子们戒除网瘾。这时需要的是学校发挥育人的专长，让专业的老师指导孩子家长，并和家长一起制定详细而科学的戒瘾计划，共同努力，让孩子尽早戒除网瘾。

第七，学校提高自身教学质量，把孩子的好奇心、求知欲引向正途。好多网络成瘾的孩子表示，他们起初之所以上网，是因为某某老师讲课太没意思，不想听，不听讲老师便罚我们站在那里，与其让他们罚站，还不如说病了请假出来上网玩来得痛快。看到这样的话，该想想我们应该怎么做了吧。

第八，开设校园绿色网站、心育网站、性知识教育网站等，引导孩子们正确上网，让他们有正当的渠道了解他们该了解的知识。网络已经成为时代的象征性事物之一，就像几十年前的自行车一样，不懂网络的现代人严格意义上来说不能称为现代人了。上网活动是不可避免的。他们要获得知识，我们又不能放任自流，那很好的对策就是开设校园绿色网站、心育网站、性知识教育网站等，引导孩子们正确上网了解知识，让孩子不用到网吧去就能了解到所要了解的，他们网络成瘾的可能性就会降低很多。对留守儿童而言这方面就显得更为重要了。

第九，加强社会宣传力度，呼吁人们都来真心关注留守儿童的成长。很明显，我们社会对农村留守儿童在新时代面对的挑战与困难认识是不足的，当然宣传力度也是不够的。要有效避免农村留守儿童网络成瘾，我们所有的人都必须来真正地关注留守儿童的成长。

第12章

留守儿童问题展望

有人说,留守儿童缺乏的是亲情,最需要的是老师的爱、关注、欣赏,因此把"好孩子是夸出来的"的理念奉为教育留守儿童的圭臬。"你是最棒的""相信你一定能""你是老师的骄傲"现在已经成为许多老师教育他们的口头禅。另一方面,正因为留守儿童缺乏父母的指导和关爱,容易产生性格内向、心理脆弱、成绩较差等毛病,引发其他更多、更大的问题,对此教师感到很棘手,以致留守儿童成为说不得碰不得的特殊群体,一些教师甚至认为,在留守儿童群体中,"惩罚教育应该休矣"。

果真如此吗?如果我们承认子女成长的过程,就是不断克服、纠正自身缺点的发展完善过程,那么,惩罚就是教育必不可少的一部分。中国青少年研究中心孙云晓说:"没有惩罚的教育是不完整的教育。"惩罚同奖励、批评一样,也是一种教育孩子的手段,同时也是一种微妙的教育艺术。留守儿童也是教育群体中的一个,他们犯错的时候,同样应该实施处罚教育。对老师来说,如何把握惩罚留守儿童的时机和度是一种智慧,也是一门必修的功课。

留守儿童的问题随着社会的发展而产生,但是留守儿童健康成长却需要很多方面的共同努力。既需要社会政策的支持和帮助，也离不开家庭、学校乃至留守儿童自身的努力。对于留守儿童来说，家庭究竟具有什么样的意义？从形态上看，留守儿童的家庭生活要么缺少父母中的一方，要么父母双方全缺，那么在缺少父母中的一方的单亲留守家庭中，或父母双方全缺的寄养家庭中，留守儿童对家的理解是什么？对家的需求和期望又是什么？在他们的家庭生活、社区生活、学校生活中，他们如何与人互动？这样的生活对他们本身的发展具有什么样的影响？本章将从留守儿童问题的公共政策干预、留守儿童所在学校支持、留守儿童所在社区支持、留守儿童的家庭支持等方面介绍支持的政策、方法和重要性。

留守儿童的公共政策干预

想要了解留守儿童的公共政策干预，就要从两个方面来分析。首先要分析留守儿童问题的政策性原因，也就是说要知道公共政策的干预在留守儿童的产生和发展过程中起到了怎样的影响。另一方面要知道如何从公共政策入手，解决留守儿童的心理问题，或帮助留守儿童的心理健康发展。

谈到公共政策对于留守儿童的影响，应当从以下几个方面来考虑。

首先，中国长期实行的城乡二元户籍制度是问题存在的关键。农村留守儿童是一个数量庞大的特殊群体，从根本上说，是长期的二元社会结构所导致的必然结果。中国的户籍制度，是指以1958年颁布的《中华人民共和国户口登记条例》为核心的一系列相关配套措施，其宗旨在于限制农村人口向城镇流动。从此开始，农民在子女教育、劳动就业、医疗保健等方面享有与城镇居民完全不平等的权利。现行户籍制度大体经历了形成（新中国成立初至1958年）、发展（1958年至1978年）、初步改革（1978年至今）等三个阶段。在这个过程中，国家颁布实施过很多相关的政策法规，但都没有彻底触动户籍制。随着市场经济逐步发展，户籍制度的弊端越来越突出，随着改革开放的进程加快，户籍管理制度逐渐放松，但离公民真正的迁徙自由还有很长的路要走。对留守儿童群体来说，户籍制度是其产生的重要原因之一，因为城乡长期的二元分割使城市儿童和农村儿童割裂开来，让城市和农村儿童在不同的制度框架下获取着不均等的教育资源。留守儿童问题以及与其相关的城市流动儿童教育等问题的解决也依赖于户籍制度的改革。所以，中国现行户籍制度是留守和流动儿童问题的关键症结所在。

其次，教育政策上的"重城轻乡"倾向，根源于已稳固化的二元体制。在中国，虽然没有种族歧视，但却存在着对农民群体的制度性歧视。长期以来，从中央到地方的各级政府就是在这种城乡分离的二元社会结构中"谋划教育发展"，从而建立起了二元教育制度，形成了"农村教育"和"城市教育"两块截然不同的教育体系。财政教育支出不断增加，在宏观上对于提高我国整体教育水平有着至关重要的作用。然而，从微观上看，财政整体投入的增加并不意味着城乡教育资金投入的同等增加，由于城乡二元经济体制的影响以及教育投入的"城市倾向"，使得城乡教育投入严重失衡，城市获取的财政资金明显优于农村教育，甚至有些地方政府为了完成上级对政府教育政绩考核指标，只注重从宏观上增加教育财政资金投入，而不注重从微观上对教育资金使用的监督和管理，忽略广大人民群众的参与度，不具有重点性和针对性。这种只注重整体，而忽略了个体的财政教育投入理念是我国教育经费投入操作过程中存在的很突出的问题，既造成资金的浪费又造成我国城乡教育差距不断扩大。

城市的义务阶段教育基本上是由国家财政投资兴办，而农村义务教育则基本上是以摊派的方式由农民自己负担。据国务院发展研究中心的调查，自从实施义务教育以来，在国家对农村义务教育资金的投入比例中，乡镇负担78%左右，县财政负担约9%，省和地区（包括地级市）负担约11%，而中央财政只负担2%左右，而县乡两级负担的基本上都直接来自农民，也就是说农村义务教育的费用基本上都是由农民直接承担的。农村教育质量不高以及教育设施落后等问题的存在，都是在这种城乡有别的教育投入体制下长期累积的结果。中国农村的留守儿童是农村教育的重要组成部分，甚至在有的地区，留守儿童占据很高的比例（重庆、江西、四川等省市，留守儿童在当地全部儿童中所占比例高达20%左右）。留守儿童教育的发展有赖于农村教育的发展。同时，农村教育水平的提高又有赖于国家对农村教育的重视和支持。所以,留守儿童教育必须引起政府的高度重视。

另外,在教育政策执行环节中,存在着不协调和执行不力等问题。在国际社会,《世界人权宣言》和《经济、社会及文化权利国际公约》规定"义务教育应一律免费"。在国内,有宪法、义务教育法、教育法、未成年人保护法等多部法律的保障,但在政策执行环节却存在不少问题。中央决定从2007年春季开学时起,在全国农村实行免费的义务教育。这应该说是一件具有里程碑式意义的大好事,但是相对应的坏消息却时有报道,审计署2008年7月4日发布了《54个县农村义务教育经费保障及使用管理情况审计调查结果》,审计发现,"一边免费、一边乱收费"的问题依然存在,主要是部分学校或部门以捐资助学、培训等名义、方式违规乱收费,或违规收取考试、考务、借读、择校等已明令禁止的费用,甚至个别学校还在收取学杂费,以及违规统一代理收取教辅材料、保险、照相等费用,有的谋取价差和小集体利益,这些都是违反规定的乱收费行为,与新机制要求是背道而驰的,也自然影响了"两免一补"政策的效果。部分农村义务教育经费被隐瞒、挤占挪用、截留而形成"小金库",由个别人员支配,并没有用于正常的教学支出的现象还很普遍。在农村教育经费本来就捉襟见肘之时,这些不良行为将直接影响到新机制和中央惠民政策的实施效果,影响到农村义务教育均衡、持续的发展。

再次,对留守儿童进城受教育的政策规定不明确,措施保障不得力。农民工有心让自己的孩子入城就读,但他们无力实现这一梦想。一少部分留守儿童在其父母的带领下进入城市接受教育,但其在城市求学的过程中遇到了很多难题,如城市学校的入学门槛高,经济条件限制,住房,城市教育资源短缺等。我国义务教育法规定"国家、社会、学校和家庭依法保障适龄儿童、少年接受义务教育的权利"。同时,在义务教育法第二章第十二条也规定父母或者其他法定监护人在非户籍所在地工作或者居住的适龄儿童、少年,当地人民政府应当为其提供平等接受义务教育的条件。这为解决农民工子女免交借读费提供了法律依据。但有关学生在流入地借读的规定在具体实施中遇到的问题很多,流入地政府和学校没有很好地执行相关政策，没能彻底解决流动儿童义务教育问题。在中国经济转轨时期，没有进行相应的教育政策的调整，没有严格执行相关政策法规，对留守儿童进城受教育的政策规定不明确，措施保障不得力等，也是流动或留守儿童问题长期存在的原因。在推行新政策的过程中也遇到了一系列新问题，如师资力量及基础设施资源短缺、财政压力及农民工子女与城市教育体系的融合难度等，这些都是城市流动儿童政策实施的保障措施不得力造成的。

最后，从公共政策理论角度分析，在政策制定中，留守儿童问题没能及时进入公众议程和政府议程，导致了政策的滞后。公共政策学认为，政策议程的建立是社会问题转化为政策问题的关键一步，在任何政治系统中都存在若干政策议程，其中公众议程和政府议程是两种基本的形式。一般来说，如果一个社会问题不能够在公众议程中占据一席之地，那么它就很难进入政府议程。在留守儿童问题上，留守儿童中进入城市的流动儿童首先引起了城市中媒体的关注并进入了公众议程。1995年初《中国青年报》刊登了记者李建平的报道《流动的孩子哪上学——流动人口子女教育探讨》，流动儿童教育问题逐渐引起了各方的关注，到1998年前后，流动儿童的教育问题才成为政府政策的议题。流动儿童由于身处城市，才首先引起了媒体关注，但生活在偏远落后农村的留守儿童就很难进入媒体和公众的视野，难以成为政府的政策议题，在2002年特别是2004年以后才引起了大众传媒的注意。在《光明日报》题为"农村'留守儿童'教育问题亟待解决"（李陈续，2002年）的报道之后，《人民日报》《中国青年报》等多家报刊才开始报道留守儿童面临的问题。在政府方面，2004年5月31日，教育部专门召开了"中国农村留守儿童问题研究"座谈会。2005年5月23日，由中华全国妇女联合会和中国家庭文化研究会主办的首届"中国农村留守儿童社会支援行动研讨会"在郑州召开。2007年两会上，留守儿童问题受到了政协委员们的高度关注。2007年12月19日，全国农村留守流动儿童工作经验交流会在南京召开。至此，留守儿童问题才算真正提上了政府议程。从问题出现到问题被关注再到问题被提上政府议程经历了大约20年的时间，一些问题随着时间积累开始变得严重，不利于针对留守儿童问题政策的制定，更不利于问题的及时解决。所以，在政策制定环节上，政策制定主体没有主动及时地发现问题并提上议程，也是留守儿童问题长期存在的重要因素之一。

从以上种种原因可以看出，公共政策在留守儿童问题的产生、发展过程中起到了十分重要的作用，很大程度上影响到留守儿童。所以我们必须以此为教训，从公共政策入手解决问题。那么以下几点就十分值得注意。

首先，需要给予地方政府相应的财政拨款。人口流动引发的进城农民工子女的教育管理问题是地方政府新增的事项，按照财权与事权相统一的原则，中央政府应划拨相应的专项资金。就农村留守儿童而言，为了更好地对其进行集中管理，弥补家庭教育的缺位，部分中小学加大了寄宿制建设的力度，寄宿制学校需要配套的生活、娱乐设施以及生活教师，所以需要大量的经费作为支撑，而目前这一块的财政投入主体并不明确。

其次，要构建有利于留守儿童成长的社会氛围。留守儿童教育问题是一个极其复杂的、综合性的社会问题，仅靠学校、教育行政部门难以解决，需要各级有关职能部门和社会各界统一认识、积极配合、协同努力，形成齐抓共管的良好格局。要充分认识农村留守儿童教育这一问题的重要性，加强宣传，发挥媒体的作用，呼吁社会各界人士对农村留守儿童的基本权利进行关注，积极动员全社会的力量来共同解决这个问题。社会要热心帮助留守儿童，更不能歧视留守儿童。农村基层干部和邻居要关心留守儿童，积极了解其基本情况，组织志愿者结对帮助留守儿童及其家庭，解决他们的实际困难，减轻他们的各种负担。有关部门要切实加强对网吧、游戏厅等公共娱乐场所的管理和整治，加大对社会闲散人员的管理、教育和监督，积极开展各类健康有益的活动，共同为孩子营造积极向上的良好环境。

再次，打破二元制的城乡户籍壁垒，建立适应社会和谐发展的新体制。我国城市化进程的推进，必然要求人力资源的合理流动，这是缩小城乡差距与构建和谐社会的必要途径。我国要逐渐改变现有的户籍制度，鼓励引导有条件的农民工融入城市，帮助他们适应城市的生活环境，解决其子女的就学问题。从农民工自身来说，他们很愿意留在城市生活，为当地做贡献。健康的城市应该是开放的城市，有科学合理的制度为人的发展提供有效空间，才能吸引人才。因此，要从制度上解决好与留守儿童相关的问题，保证社会持续和谐的发展。总之，留守儿童问题不仅关系到留守儿童自身的健康成长，也关系到农村教育改革的发展，关系到农村经济社会的建设和我国未来的可持续发展。我们期待全社会都来关注留守儿童，家庭、学校和社会各负其责、共同努力，保障和促进留守儿童的身心健康得以良性发展。

留守儿童的学校支持

儿童留守农村是一个在相当长时期内都会存在的现象，其中，亲子关系的失谐，安全感和归属感的丧失，父母榜样作用的剥夺以及道德行为监控机制的弱化共同构成了影响留守儿童道德成长的教育因素。在客观的现实条件下，对于我国留守儿童分布最集中的中西部农村而言，社区及政府的职能发挥还有诸多限制，故解决留守儿童心理健康问题的现实途径是利用农村学校现有的教育基础，有针对性地扩展教育功能。在农村地区，学校是家长和孩子心目中最正规、最值得信赖的教育场所。那么，如何才能更好地发挥学校管理在留守儿童心理教育方面的职能呢？可以从以下几方面加强学校管理，完善留守儿童的心理健康教育。

首先最基本的，就是要端正对留守儿童心理健康问题的认识。学校领导，尤其是校长，要帮助广大教师尤其是班主任，端正对留守儿童心理问题的认识。切忌把心理健康教育与思想品德教育混淆，如在学校开展班、团队活动时，常常将一些本应属于心理健康教育范畴的问题德育化。在工作中表现为脱离学生心理发展实际，主观片面、牵强生硬的说教，缺乏必要的心理教育手段。导致学生的早期心理障碍未能得到及时地发现、疏导。更不能随意将学生的心理健康水平欠佳与精神病混淆。在农村社会中还存在有一种错误观点，把心理问题与精神问题等同。学校应营造一个科学积极的氛围，将这种错误观点遏制，帮助师生正确看待心理问题。

其次，非常重要的一点是要合理安排经费，改善心理教育的软硬件条件。作为农村中小学校长，要积极为学校心理健康教育争取、筹措经费，在教育经费的安排上添设心理健康教育的项目。在教师的配置上增加心理辅导教师的编制，在师资队伍的建设上开设心理健康教育培训内容，引进或培养专业的心理教师。加强学校心理健康教育的基本硬件设施建设，在图书资料的建设中增加心理健康的相关内容。要在学校内形成一股合力，逐步建立在校长领导下，专（兼）职心理辅导教师为骨干，思想品德课和思想政治课教师、班主任和团队干部为主体，全体教师共同参与的心理健康教育体制。

再次，要注重对留守儿童的心理健康"特殊照顾"。农村学校管理应该针对特殊情况"因地制宜"，对于留守儿童问题，学校领导和教师间应形成一种非制度化的默契，即对留守儿童的心理健康予以"特殊照顾"。这里的特殊照顾一定是在不对留守儿童心理健康造成伤害的前提之下的照顾。可以从以下几点入手：

1. 学习上优先辅导。学校要从学习方面对留守儿童逐一进行分类、分组，落实到每一位任课教师。由任课教师具体分析学生的学业情况，制定学习帮扶计划，明确帮扶时间、内容和阶段性效果。每个留守儿童由老师牵头确立一名学习帮手，教师要对结对帮扶效果进行定期检查，建立进步档案。

2. 生活上优先照顾。学校对留守儿童要多看一眼，多问一声，多帮一把，使学生开心，家长放心。食堂要注意营养搭配均衡，有益身体发育；留守儿童患病时，要及时诊治，悉心照料；要指导寄宿学生学会生活自理，养成文明健康的生活习惯。

3. 活动上优先安排。学校要高度重视并认真组织留守儿童参加集体活动，或根据留守儿童的特点单独开展一些活动，既愉悦身心，又培养独立生活能力。

4. 重点关注低年级和女生的心理健康。针对留守儿童中低年级学生和青春期女生的心理健康问题中较为突出的现象，学校应更大程度上予以关注。教师要主动发现问题，及时帮助解决问题，通过个别谈心、集体交流等诸多形式拉近这类留守儿童中的"弱势群体"与普通学生间的距离。

最后，丰富校园人文关爱活动。针对品德行为偏差和心理障碍的留守儿童，学校要着重开设心理教育课，大力开展心理咨询、心理矫正活动，定期开展思想教育、情感教育、体谅父母教育等，使留守儿童感到备受关爱，体验到生命成长的快乐与幸福，消除不良情感体验，树立乐观向上的生活态度，培养正确的人生观、价值观。同时注意方法，定期举行文艺、体育、科技和社会实践活动，给学生创造平等和谐的心灵交流环境，让他们充分感受到生活的幸福和人间亲情。通过定期举行主题班会、团队活动，举办书画展、演讲比赛等各种活动，组织留守学生积极参与，使他们生活在欢乐、和睦的氛围中，找到回家的感觉，增强学习、生活的信心，体会到学习的快乐、成长的快乐。要开展磨砺教育的研究试点工作，着重培养留守儿童良好的个性心理品质、独立生活能力和自我保护意识，增强他们的社会适应性。通过丰富多彩的课余活动填充留守儿童的课外生活，利用互助互学的同伴友谊来弥补其在家庭中缺失的亲情；同时教师增加与留守儿童的接触机会，及时进行角色上的转换，即由单纯学习上的指导者转变为对孩子生活、学习、情感、心理等各方面均有关照的临时父母亲。

学校自身的特点使其对留守儿童有着天然的吸引力和影响力。加之有现成的教学设施、教学人员可以利用，农村学校无疑是对留守儿童进行道德教育和心理辅导的最理想的场所。我们要充分利用学校的这一天然优势，加强学校管理，使学校真正成为孩子们的第二个家。

留守儿童的社区支持

农村社区是以血缘和地缘关系为基础的熟人社会，也是留守儿童社会活动的主要场所，社区文化以及社区成员的引导和监督，对留守儿童的表现和性格发展具有重要影响。另一方面，随着中国社会的加速发展，社会工作职业化的推进，社会工作这一角色越来越多地被人们所认识和了解。社会工作是一门促进社会变迁、协助解决社会问题和增进人类福利的专业，是以利他主义为指导，以科学知识为基础，运用专业技巧进行的助人自助活动。社会工作同时是一项帮助有需要的人士发现自己的潜能，提高个人的社会适应性能力的助人性的职业。社会工作者在社区工作中担任着重要的角色，他们是各种矛盾的润滑剂和调和剂，他的工作目的就是协助政府去帮助人民解决各种问题，实现每一个人的人生价值，并利用一切资源为人民谋福利。对于农村留守儿童的问题社工不但可以运用自己的专业知识为其进行服务，更能够减少对儿童很多不必要的伤害。那么，要加强对留守儿童的社区支持，就要从两个方面入手。首先要加强社区建设，另一方面就是要提高社工能力，加强社工建设，更好地为该社区的留守儿童服务。

在加强社区建设方面，有以下一些具体可行的方法可以在今后进一步开展。比如，建立"关心下一代工作室"。可以先进行试点，成立关心下一代工作领导小组，由老干部、退休教师等组成骨干帮教队伍，从生产、生活、学习和思想等各个方面关心留守儿童，并形成走访制度、检查制度、评比制度等。在社区可开展"手拉手"活动。团队干部、辅导员、退休老干部、青年志愿者、同学与留守儿童结对帮扶，开展走访、谈心、捐助、写信、辅导、管理等活动，让留守儿童得到亲人般的关怀和师长般的教导。又比如实行"代理家长制"，让留守儿童有依靠。由社区的老干部、党员、青年志愿者等担任代理家长，每周与留守儿童联系交流、辅导作业一次，每月与留守儿童的父母、任课教师、托管人联系一次，每季度向相关关爱留守儿童工作机构报告一次工作进展情况，多与留守儿童谈心沟通，多参加学校组织的学生集体活动，多到留守儿童家中走访等等。此外，开展社区公民教育活动，健全社区互助网络，提倡邻里支援等等方式，能够使留守儿童在社区环境中直接受益。只有加强社区建设，才能让留守儿童虽然没有父母的陪伴，也一样能够感受到家的温暖，一样能够拥有相应年龄段应当拥有的爱，才能避免过多伤害，避免更多的心理问题。

与此同时，加强社工的建设也是必不可少的一个重要环节。比如重视留守儿童的个案工作。个案工作是社会工作三大直接服务方法之一，由于目前专业社工有限，个案工作只适合问题严重的留守儿童。但是今后的发展方向一定是要普及到尽可能多的留守儿童。社会工作者遵循同情、尊重、接纳等价值理念，对留守儿童及家庭运用关系建立、沟通、积极倾听、澄清、回馈、非语言沟通等方法和技巧，通过全面了解留守儿童的成长经历、家庭背景、朋辈关系等，结合其个性特征，分析其存在的问题及原因，有针对性地为每一个留守儿童制定具体的服务方案，解决他们在学习、生活中所遇到的一系列问题，消除他们的情绪困扰，解决孤独、自卑、敌视等心理问题。

在加强个案工作的基础之上，加入农村留守儿童的小组工作。小组工作是社会工作的一种方法，主要由社会工作者通过有目的的小组活动和组员间的互动，促使成员彼此建立关系，并以个人能力与需求为基础，处理个人、人与人之间、人与环境之间的问题，开发个人潜能，学习解决问题的方法，从而获得个人成长。目前在社工资源有限的情况下，小组工作不失为有效的形式。比如，可以将留守儿童的小组工作分为6—8人为一组，可设计6次小组活动，每次活动1—2个小时，每周一次。

大家可以想象，如果一个社区的人们彼此之间和谐共处、互帮互助，一方有难、八方支援，彼此之间如亲人般热情真诚，社区氛围温馨和谐，那么，留守儿童一定更能体会到爱与感动的关怀，看待问题的角度和方式也会不同，更容易形成一种积极、感恩的心态去面对生活。这样才能达到社区支持的本意。

留守儿童的家庭支持

家庭是每个人出生后进行社会化的第一个场所，同时，家庭也是个体社会化中的第一个课堂，也是最重要的课堂，而父母就是其中影响最大的施教者。因此，家庭的关系、家庭的教育和结构对于每一个人的一生都具有重大意义。由"留守"导致的亲子分离造成了家庭结构和功能的缺失，这种缺失在方方面面影响着留守儿童的健康成长。只有当我们知道其中的作用机制，了解家庭是如何对留守儿童发生影响的、对留守儿童的心理和行为产生何种影响。我们才能知道留守儿童内心的需求与渴望，才能做到有的放矢地去关爱留守儿童。

首先，我们必须了解家庭机制对于儿童的重要性。家庭教育是一个人社会化的开端,它为每个人一生的社会化奠定了基础。通过家庭教育传递的文化资本对于完成人的社会化过程具有重要作用。而这种作用往往会通过家庭的经济收入、生活方式、父母的职业和受教育程度等载体来实现。其次,家庭环境对个体社会化的意义在于对儿童感情和爱的培养。人一出生就要在家庭中接受父母的拥抱、亲吻、爱抚和安慰。而儿童在这一系列的情形下,逐渐形成"自我",并从父母对自己的期望中,领悟父母对自己期待的角色,一直调整自己。再次,家庭中父母的权威对儿童社会化具有重大影响。一个人的一生,很多时间在家庭中度过,而对于儿童来说,他的儿童时期几乎全部在家庭中度过。在儿童时期的社会化过程中,父母扮演着教育子女的第一"重要他人"的角色。因此,在儿童的心理上很容易树立父母的权威,而父母们正是借助于这一权威来指导儿童的社会化。因此,家庭环境中的权威形象和亲子之间的感情交流,使家庭对个体的心理与观念具有强大的渗透力和塑造力。

但是,留守儿童之所以会产生这样那样的问题,就是因为由于要务工,很多父母只能将子女留在老家,或托付给祖辈照料,或委托亲戚朋友代为照看,造成亲子之间长期不能生活在一起。那么对孩子所造成的伤害也是显而易见的。

首先,由于亲子疏远,父母和孩子之间缺少沟通,导致亲子情感联系削弱。必要的沟通是维持家庭亲密关系的首要因素。留守儿童父母的一方或双方常年在外,留守儿童长期由单亲监护或隔代监护,甚至是他人监护、无人监护,造成了与父母关系的疏远。由于受时间和空间的限制,必要的沟通时间无法保障,导致了留守儿童与父母沟通的匮乏。在中国特定的文化背景下,父母在孩子的成长中一直处于支配的地位。留守儿童作为亲子沟通中的被动方,尽管在主观上沟通意愿较强,经常会思念父母,但是由于年龄较小、经济能力不足、无法获取沟通渠道等外界因素的阻碍,沟通无法有效进行。而本应该作为亲子关系主动方的家长,在外经常从事比较劳累的体力工作,没有足够的空闲时间。并且留守儿童的父母大多是迫于经济因素选择外出务工,因此即使有空闲时间也会觉得应该省下钱来给孩子和家人改善物质条件,不会花费太多的时间精力在沟通上。双方沟通的方式比较单一，大多是通过电话进行言语沟通。言语沟通容易受双方语言能力的影响，留守儿童的父母大多文化水平不高，言语上不能充分表达自己的意思，出发点可能是为孩子好，但是有时候却不能够让孩子体会到关爱。而且靠着一根电话线的言语沟通，留守儿童父母无法感知孩子细微的心理和感情变化，因此容易忽略孩子的感情，久而久之让孩子产生逃避接电话的心理。留守儿童与父母的长期分离，加上沟通渠道单一、双方沟通意愿不一致，导致无法进行及时有效的情感反馈，这种亲情的缺失使孩子变得孤僻、抑郁，甚至会有一种被遗弃的感觉，严重地影响了孩子心理的健康发展，这种影响已被相关研究所证实。

其次，亲情联系减弱，家庭无法发挥其社会控制功能。社会控制理论认为，一个人在社会化过程中会与他人建立不同强度的社会联系，这些联系可以防止人们出现越轨和犯罪行为。在传统的社会中，亲情、血缘关系发挥着有效的社会控制功能。家庭成员通过日常的生活互动形成相互之间浓厚的亲情关系，个体对家庭及其成员的情感依恋程度对个体偏差和越轨行为的控制有重要作用。对于处于青春期的留守儿童来说，父母家人是其主要的情感依恋对象，而长期的分离使得家庭联系弱化、情感依恋程度低，留守儿童感受不到父母的关爱，也没有从临时监护人那里得到如父母般的情感关怀，而是经常体验到忽视和冷落。因此，亲情联系就无法有效地发挥其对留守儿童偏差行为控制的作用和对留守儿童行为社会化的积极影响。相当数量的留守儿童缺乏家庭归属感，在监管不到位的情况下极易出现偏差甚至是越轨行为。

再次，也正是由于家庭分离，家庭内文化传递缺失，缺乏价值观和行为指导。父母是子女成长的第一任教师，父母对子女的期望与自身的素养，通过日常生活接触直接影响着孩子的个性形成，诸如待人接物、日常生活知识、人际关系甚至是价值观等。留守儿童处在一个心理和生理快速成长的时期，这是一个人社会化过程中最迷惘和需要人指导的阶段。而留守儿童与父母长时间分开生活，在遇到问题的时候缺少与父母交流的机会，无法获得父母有效的指导和帮助。父母也无法及时地将自己的价值观传递给子女，把解决问题的方法教给子女，导致错失了引导子女健康成长的良机。留守儿童在缺乏父母指导和帮助的情况下独自面对这些迷惘与困惑，独自解决问题，容易使自己陷于其中无法解脱，产生严重的心理问题，或者因盲目尝试而受到伤害，甚至被不良的群体文化所误导，走上犯罪的道路。

以上种种惨痛的经历告诉我们，家庭对于一个孩子的健康，尤其是心理健康是多么的宝贵。如果放任这种现象继续下去，那么对孩子造成的伤害和孩子将来的发展我们都是可以预见的。所以我们必须做好留守儿童的家庭支持，给孩子一个尽可能完整、美满的童年。

众所周知，身为父母，有责任为子女创造良好的生活条件，可当这一切是以断裂亲情、伤害孩子的健康成长为代价时，又是得不偿失的。对于孩子的发展而言，比为他们的未来提供物质保障更重要的是给予他们必要的关爱和教育，如果出于生活所迫，不得不抛家别子、背井离乡在外漂泊，那么父母应该尽可能地采取一些补救措施去给予孩子必要的关爱和教育，以保证他们健康地成长。

第一，父母要有完整的责任意识。意识到父母不仅要为子女提供必要的物质生活条件，也应该给子女必要的家庭教育和亲情关爱，使其在情感、道德、行为、心理等方面健康发展。这种完整的责任意识是非常重要的，许多家长正是因为缺少这样的责任意识而导致了孩子诸多问题的产生。

第二，父母一定要坚持定期、不间断地保持与孩子各方面的联系，随时掌控孩子的情况。对于不同年龄阶段的孩子容易出现的问题有必要的知识，并在问题出现之前给予必要的重视。

第三，设法消除与孩子的沟通障碍。如果有条件应给孩子的住所安装电话，把自己的联系方式，包括联系电话、通信地址等明确地告诉孩子，这样孩子有什么问题可以方便地求助于父母，这会在一定程度上增加孩子内心的安全感，消除无助感。

第四，要学会表达自己对孩子的关爱，让孩子感受并接受你对他的关爱。儿童年龄越小，情感支持的需求越强烈也越重要。留守儿童出现的问题，很大程度上与缺乏父母的情感支持有关。留守儿童因为长期和父母分隔两地，容易生疏，常常发生孩子不愿意接父母电话的情况，或者孩子没有什么话可以跟父母说。因此留守儿童的父母给孩子打电话应该讲技巧，不能老是问"学习好不好""听不听话"之类的话，父母应找一些孩子也感兴趣的话题，这样可以拉近亲子之间的心理距离。也可以引导孩子去表达发泄自己的情感，比如"你有什么话想跟爸爸妈妈说？"之类的。效果都会明显好于单纯的问学习问生活。

第五，父母多给孩子写信是向孩子传递爱的比较好的方式。父母在外辛苦打拼是为了孩子，但孩子很多时候却不理解家长的苦心，而孩子也很委屈，说父母不理解他们。其实问题并不出在爱上，而在于孩子是否感受到了你的爱。写信是一种很好的沟通方式，因为写信会经过更多的思考，可以将谈话进行得比较深入，能更好地帮助彼此相互理解，也能够让彼此共享各自的生活经历和情感体验。而且信件能保存、反复阅读，使我们随时都可能重温一种亲情的感动。

第六，打造"支持系统"。所谓支持系统是指一些能够向孩子提供帮助的人际关系。参与到这个系统中的有爷爷、奶奶、亲戚、朋友，还可以是老师、托管机构和政府援助机构。在孩子遇到困难、父母又鞭长莫及的情况下，可启用"支持系统"，给孩子快速提供帮助。

第七，尽可能多地与孩子团聚。许多外出打工的父母为了节省开支，不愿把钱花在路费上，因此尽量少回家。实际上，回家看孩子对于联系亲子情感是弥足珍贵的，亲情需要呵护，教育需要投入，不应该把回家看孩子的路费看成是一种负担，而应将其视为维系亲情、关心孩子的最有价值的投入。

第八，在孩子的幼小阶段和发展关键期，父母尽可能不要长期外出，或者至少留一方照顾抚育孩子。因为年龄越小越需要父母的呵护，对父母的依恋越强烈。虽然年龄很小的孩子还不会表达自己的愿望，但更能感觉到父母远离后的亲情缺失，更容易因此出现一些心理问题，而且儿时的痛苦经验会影响其以后的成长，这种伤痛甚至会伴其终生。处于一些发展关键期的孩子特别需要父母的教育和关怀，比如由幼儿园到小学的过渡阶段、由小学到中学的过渡阶段、孩子即将参加高考等关键时期，父母应尽可能地和孩子生活在一起，共同去面对人生的重要转折。

最后，就是每位家长都应该充分认识到家庭的完整对于孩子健康成长的价值，如果我们认识到了这一点，我们就有必要用观念去抗衡现实，用道德去超越现实，用努力去完善现实，避免纯粹个人本位的幸福观和商业价值的泛滥损害家庭的凝聚力。

总之，家庭是孩子最好的课堂，父母是孩子最好的老师，解决好家庭支持的问题，对于留守儿童的成长有重要意义。而留守儿童的健康成长，一是关系到我国未来的国民素质。现在世界各国都重视人力资源的培养，留守儿童的成长、发展直接影响到我国人力资源的积累。二是制约着社会均衡及其结构的合理化，以及和谐社会的构建。三是关系到社会的稳定。人的道德发展及其文化层次和受教育背景有很大的关系。留守儿童的成长、发展既关系到他们未来的前途，又关系到他们的家庭关系，关系着社会的稳定。做好留守儿童的家庭支持，功在当代，利在千秋。

参考文献

[1] 费尔德曼. 发展心理学：人的毕生发展 [M]. 苏彦捷, 邹丹, 译. 北京：世界图书出版公司, 2007.

[2] 谢弗. 儿童心理学 [M]. 王莉, 译. 北京：电子工业出版社, 2016.

[3] 戴蒙, 勒纳. 儿童心理学手册 [M]. 林崇德, 李其维, 编. 上海：华东师范大学出版社, 2009.

[4] 格里格, 津巴多. 心理学与生活 [M]. 王垒, 译. 北京：人民邮电出版社, 2016.

[5] 布朗 J D, 布朗 MA. 自我 [M]. 王伟平, 陈浩莺, 译. 北京：人民邮电出版社, 2015.

[6] 杨元松. 中国留守儿童日记 [M]. 南京：江苏文艺出版社, 2012.

[7] 伯格. 人格心理学 [M]. 陈会昌, 译. 第 7 版. 北京：中国轻工业出版社, 2010.

[8] 谢弗. 发展心理学 [M]. 邹泓, 译. 第 6 版. 北京：中国轻工业出版社, 2005.

[9] 刘继同. 国家责任与儿童福利：中国儿童健康与儿童福利政策研究 [M]. 北京：中国社会出版社, 2010.

[10] 哥登伯格 I, 哥登伯格 H. 家庭治疗概论 [M]. 李正云, 译. 西安：陕西师范大学出版社, 2005.

[11] 李燕, 吴维屏. 家庭教育学 [M]. 杭州：浙江教育出版社, 2009.

[12] 布鲁克斯. 为人父母 [M]. 包蕾萍, 李秀芬, 马明伟, 译. 上海：上海人民出版社, 2009.

[13] 瓦林. 心理治疗中的依恋 [M]. 巴彤, 译. 北京：中国轻工业出版社, 2014.

[14] 恩格尔. 这不是你的错：如何治愈童年创伤 [M]. 魏宁, 译. 北京：人民邮电出版社, 2016.

[15] 惠芙乐. 倾听孩子：家庭中的心理调适 [M]. 陈平俊, 译. 第 3 版. 北京：北京大学出版社, 2013.

[16] 鲍尔比. 安全基地：依恋关系的起源 [M]. 余萍，刘若楠，译. 北京：世界图书出版有限公司，2017.

[17] 巴拉顿. 母婴关系创伤疗愈：早期创伤影响孩子的一生 [M]. 高旭滨，译. 北京：世界图书出版有限公司，2014.

[18] 易春丽，周婷著. 重建依恋：自闭症的家庭治疗 [M]. 北京：世界图书出版有限公司，2018.

[19] 塞利格曼. 认识自己，接纳自己 [M]. 任俊，译. 沈阳：万卷出版公司，2010.

[20] 陆卫明，李红. 人际关系心理学 [M]. 西安：西安交通大学出版社，2006.

[21] 蔡迎旗. 留守幼儿生存与发展问题研究 [M]. 南京：江苏教育出版社，2009.

[22] 朱卫红. 留守儿童心理发展研究 [M]. 昆明：云南大学出版社，2010.

[23] 刘翔平. 儿童学习障碍100问 [M]. 北京：北京师范大学出版社，2011.

[24] 赵国祥. 心理学概论 [M]. 北京：光明日报出版社，2007.

[25] 萨博. 不要看低自己 [M]. 王金，译. 北京：北方联合出版公司，2017.

[26] 稻盛和夫. 活法 [M]. 曹岫云，译. 青少年版. 北京：东方出版社，2012.

[27] 斯蒂尔. 突围原生家庭：如何在过去的伤痛中重建自我 [M]. 胡静，译. 北京：北京联合出版公司，2019.

[28] 韦布，穆塞洛. 被忽视的孩子：如何克服童年的情感忽视 [M]. 王诗溢，李沁芸，译. 北京：机械工业出版社，2018.

[29] 史密斯. 拥抱你的内在小孩：亲密关系疗愈之道 [M]. 鲁小华，译. 北京：机械工业出版社，2013.

[30] 朵拉陈. 走出原生家庭创伤 [M]. 北京：机械工业出版社，2018.

[31] 福特. 接纳不完美的自己 [M]. 严冬冬，译. 长春：吉林文史出版社，2009.

[32] 彼得森，迈尔，塞利格曼. 习得性无助 [M]. 戴俊毅，屠筱青，译. 北京：机械工业出版社，2011.

[33] 塞利格曼. 教出乐观的孩子 [M]. 洪莉，译. 沈阳：万卷出版公司，2010.

[34] 杜布森. 破茧期 [M]. 俞一菱，译. 北京：中国轻工业出版社，2006.

[35] 麦格尼格尔. 自控力：斯坦福大学最受欢迎心理学课程 [M]. 王岑卉，译. 北京：印刷工业出版社，2012.

[36] 卡斯特. 网络社会的崛起 [M]. 夏铸九，王志弘，译. 北京：社会科学文献出版社，2006.

[37] 卡斯特. 认同的力量 [M]. 夏铸九, 黄丽玲, 译. 北京: 社会科学文献出版社, 2003.

[38] 卡斯特. 千年终结 [M]. 夏铸九, 黄慧琦, 译. 北京: 社会科学文献出版社, 2006.

[39] 罗莫. 青少年电子游戏与网络成瘾 [M]. 葛金玲, 译. 上海: 上海社会科学院出版社, 2016.

[40] 威廉姆斯, 杰克逊. 告别成瘾: 人生的六大宣言 [M]. 凌春秀, 译. 北京: 人民邮电出版社, 2017.

[41] 马涅瓦拉. 与自我和解: 超越强迫、成瘾和自毁行为的治愈之旅 [M]. 郑炜翔, 译. 北京: 人民邮电出版社, 2015.

[42] 梁威. 留守儿童教育手册 [M]. 北京: 北京师范大学出版社, 2014.

[43] 邹波, 叶敬忠. 农村留守流动儿童及老年人社会支持政策研究 [M]. 北京: 人民出版社, 2018.

[44] 刘荣华. 当前中国农村留守儿童精神抚养问题研究 [M]. 北京: 人民出版社, 2017.

[45] 邓纯考. 中国农村留守儿童教育变迁 [M]. 北京: 中国社会科学出版社, 2018.

[46] 费孝通. 乡土中国 [M]. 北京: 人民出版社, 2008.

[47] 陈旭. 留守儿童的社会性发展问题与社会支持系统 [M]. 北京: 人民出版社, 2013.

[48] 拉鲁. 不平等的童年: 阶级、种族与家庭生活 [M]. 宋爽, 张旭, 译. 北京: 北京大学出版社, 2018.

[49] 孙宏艳, 张旭东. 不一样的成长: 全国农村留守儿童群体研究报告 [M]. 北京: 中国青年出版社, 2015.

[50] 任运昌. 农村留守儿童政策研究 [M]. 北京: 中国社会科学出版社, 2013.

[51] 申草泥. 给孩子更多的爱: 留守儿童成长教育手册 [M]. 北京: 北京工业大学出版社, 2014.